Helga Föger

Im Einklang mit der Natur
Arbeitsbuch Mond

Anhand der Mondkonstellationen das eigene Leben
erfolgreicher planen und die Naturkräfte für sich nutzen

Südwest

Inhalt

Vom Mythos zur Praxis 5

Damals und heute 5
Mond und Astrologie 6
Der Mond im Alltag 7
Der Mondkalender 7
So benutzen Sie dieses Buch 9

Geheimnisvolle Gestirne: Ihr möglicher Einfluss auf das Schicksal der Menschen beschäftigte schon Kulturen vor mehreren tausend Jahren.

Wie der Mond wirkt 11

Phasen und Qualitäten des Mondes 11
Der Neumond 12
Der zunehmende Mond 13
Der Vollmond 14
Der abnehmende Mond 16
Der auf- und absteigende Mond 17
    Der Mond in den Tierkreiszeichen 18
    Die Impulse der Tierkreiszeichen 19
    Die vier Trigone 19
    Tierkreiszeichen und Temperament 20
    Tierkreiszeichen und Alltag 22
    Tierkreiszeichen und Pflanzen 24
    Tierkreiszeichen und Witterung 26
    Tierkreiszeichen und Nahrung 28
    Tierkreiszeichen und Körperregionen 31
    Tierkreiszeichen und Zuordnungen 35

Inhalt

Ratschläge für die Praxis 37

Der richtige Zeitpunkt	37
Die Bewertungskriterien	38
Die Mondtabellen	39
Das Mondtagebuch	39
Gesundheit	41
Risiken bei Beschwerden	47
Übersicht: Beschwerden und Heilpflanzen von A bis Z	50
Heilkräuter	54
Körperpflege und Schönheit	57
Haushalt	63
Bauen und Heimwerken	73
Garten	81
Landwirtschaft und Viehhaltung	93
Holzverarbeitung	96
Beruf und Karriere	100
Freizeit und Erholung	105
Liebe und Partnerschaft	110
Anhang Mondtabellen von 1999 bis 2004	113
Über dieses Buch	126
Register	127

Mittelalterliches astrologisches Kalendarium: Die Erfindung des Buchdrucks machte das entsprechende Fachwissen allgemein zugänglich.

Vom Mythos zur Praxis

Der Mond hat zu allen Zeiten das Denken und die Phantasie der Menschen herausgefordert. Generationen von Dichtern haben den nächtlichen Widerschein der Sonne besungen, und für die Liebenden auf allen Kontinenten war, ist und bleibt er der Inbegriff ihrer romantischen Sehnsüchte. Doch er bewegte und bewegt nicht nur die Gefühle. Lange bevor sich die wissenschaftliche Sternenkunde herausbildete, war er Gegenstand sehr praktischer Beschäftigung. So gleichmäßig wie er seine Bahn am nächtlichen Himmel zieht, so regelmäßig wie er dabei scheinbar seine Gestalt ändert, so ideal schien er geeignet, als Kalendergrundlage zu dienen. So geschah es denn auch schon vor Tausenden von Jahren, und bis heute hat sich diese Praxis in manchen Kulturen erhalten.

Damals und heute

Bald entdeckte man jedoch, dass der Mond nicht nur als Zeitmesser dienen kann, sondern dass es noch weitere Zusammenhänge zwischen dem lunaren Zyklus und dem Geschehen auf der Erde gibt.

Als die Menschen begannen, Felder zu bestellen und Tiere zu züchten, stellten sie nach und nach viele Wechselwirkungen zwischen Mond und Natur fest: Das Wetter, das Pflanzenwachstum, die Fruchtbarkeit der Menschen und der Tiere, ja auch Gesundheit, Krankheit, Geburt und Tod – in rätselhafter Weise schien wirklich alles mit dem Kommen und Gehen des Mondes verbun-

Von allen Gestirnen am Firmament steht der Mond der Erde am nächsten. Als ständiger Begleiter umkreist er die Erde in einer Umlaufzeit von einem knappen Monat.

Ebbe und Flut sind die offensichtlichsten Phänomene auf der Erde, die vom Einfluss des Mondes bestimmt werden.

den zu sein. Manches war einleuchtend und wurde schließlich zur Regel, die praktischen Nutzen hatte; anderes allerdings blieb unerklärlich und wurde zum Mythos. So ist es nicht verwunderlich, dass la Luna, die Mondin, von vielen Völkern in vielen Kulturepochen als Göttin verehrt wurde. Die zahlreichen Namen der Mondgöttin zeugen davon: Isis, Selene, Inanna, Levanah, Athene und Hekate. Mit der Verehrung der Göttin huldigte man der Natur, der Existenzgrundlage der Menschen. In und von der Natur lebten sie, sie gab ihnen Nahrung, Kleidung und Wohnung. Der Lebensrhythmus der Menschen wurde vom Mond bestimmt. Später, als gesellschaftliche Strukturen entstanden und die Menschen aus dem unmittelbaren Naturraum in Dörfer und Städte zogen, nahmen neue Götter den Platz der Mondin ein. Doch das Wissen um den Einfluss des Mondes auf alles Natürliche blieb erhalten und wurde – nun des Mystischen entkleidet – erweitert und überliefert.

> **Die Babylonier glaubten z. B., dass der Mond im menschlichen Organismus eine Art Springflut auslöse, die zu besonderen Leistungen befähigt. Und die Griechen waren davon überzeugt, dass Selene sündige Menschen mit Epilepsie bestrafe.**

Mond und Astrologie

Die Astrologie, die als Vorläuferin und Wegbegleiterin der Astronomie gelten kann, hat das Wissen um die Mondkräfte erheblich bereichert. Nun konnte man erklären, warum manche Wirkungen des Mondes scheinbar nicht im Einklang mit anderen stehen, sich zum Teil sogar widersprechen. Man fand heraus, dass der Mond bei jedem etwa 28-tägigen Erdumlauf alle zwölf Sternbilder des Tierkreises durchwandert, wie das die Sonne im Verlauf eines Jahres tut. Jedes dieser Tierkreiszeichen, in dem der Mond auf seiner Umlaufbahn für zwei bis drei Tage verweilt, verleiht den Impulsen des Mondes einen bestimmten Charakter, der diese Impulse in recht genau definierter Weise moduliert. Es sind Impulse, die – viel schwächer als die Sonnenimpulse – in Wechselwirkung mit der Natur treten und sie beeinflussen. Einige Wirkungen, wie die auf die Gezeiten und auf den weiblichen Zyklus, sind offensichtlich recht materieller Natur und lassen sich mit relativ einfachen physikalischen bzw. biologischen Gesetzmäßigkeiten erklären. Bei anderen Einflüssen hingegen, wie z. B. auf das Wachstum der Pflanzen oder auf den menschlichen Organismus, gibt man sich mit astrologischen Erklärungen nicht zufrieden, sie sind mit dem klassischen Instrumentarium der Naturwissenschaften nicht zu fassen.

Der Mond im Alltag

Wie auch immer – die Mondphasen und die Stellung des Mondes in den Zeichen des Tierkreises sind ganz klar von Bedeutung für alles Leben auf dieser Erde.
Auch wenn diese Feststellung nach den strengen Maßstäben der Naturwissenschaften nicht als gesichertes Wissen gelten darf, so beruht sie doch auf immer wieder bestätigter Erfahrung, die in der Jahrtausende währenden Menschheitsgeschichte entstanden und gewachsen ist. Trotz aller Gegenargumente gibt es immer mehr Menschen, die diesen Erfahrungen vertrauen. Viele Heilpraktiker und Homöopathen berücksichtigen bei ihrer Behandlung den Mondeinfluss, Friseure schneiden nach dem Mond die Haare, und auch im Privatbereich wird das Wissen immer häufiger angewandt.

Die Suche nach den Zusammenhängen zwischen Mond und irdischem Leben ist bereits alt. Schon Hippokrates (400 v. Chr.) beobachtete vor dem Erstellen einer Diagnose und der Festlegung einer Behandlungsmethode die Gestirne und vor allem den Mond.

Der Mondkalender

Zur raschen Orientierung bedient man sich der Mondkalender, von denen heute wieder eine Vielzahl im Angebot ist. Sie geben – meist in sehr knapper Form – Auskunft über die Mondphasen und den Stand des Mondes in den Tierkreiszeichen während eines Kalenderjahres. Daraus abgeleitet vermitteln sie Tipps, wie man die wechselnden Einflüsse und Kräfte des Mondes zu bestimmten Zeitpunkten nutzen kann.

So weit, so gut. Jedoch – abgesehen von kurzen Hinweisen auf die grundlegenden Wirkungsprinzipien – erfährt der Benutzer eines solchen Kalenders meist nicht sehr viel über die kosmischen Zusammenhänge und die generellen Schlussfolgerungen daraus, die es erlauben, die Mondkräfte einerseits ganz universell und andererseits sehr individuell zu verstehen und zu nutzen.

Ein geeigneter Mondkalender darf niemals nach einem starren System irgendwelche Verhaltensweisen vorschreiben, sondern sollte lediglich Hilfestellung bieten, um die Zusammenhänge in der Natur besser zu verstehen.

Mehr Information

Außerdem gleicht erfahrungsgemäß ein Kalender in gewisser Weise leider immer einer Einbahnstraße. Die Kalenderdaten geben die Informationsrichtung vor – man kann zwar für ein bestimmtes Datum die günstigen oder aber auch weniger günstigen Zeitpunkte für bestimmte Tätigkeiten herauslesen, ist allerdings kaum in der Lage, spezielle Vorhaben ganz gezielt »nach dem Mond« zu planen. Die nachfolgenden Texte und Tabellen ermöglichen es Ihnen, mit diesem Praxisbuch konstruktiv und gezielt zu arbeiten. Nach einem Kapitel über die großen Zusammenhänge der Wirkung des Mondes auf die Erde folgt eine Übersicht der wichtigsten Aktivitäten (und der dazu günstigen bzw. weniger günstigen Mondkonstellationen): für Gesundheit und Schönheit, in Haus und Garten, bei Feld-, Stall- und Waldarbeit sowie im Berufs- und im Privatleben.

Im Anhang werden diese Ausführungen schließlich durch die Mondtabellen der Jahre 1999 bis 2004 ergänzt, wo für jeden Tag die genaue Mondkonstellation zu finden ist.

So benutzen Sie dieses Buch

Im ersten Teil können Sie nachlesen, worauf all die Ratschläge, die Sie in den verschiedenen Mondkalendern bekommen, gründen. Anhand der darauf folgenden Kapitel können Sie sich dann Ihren ganz persönlichen Mondkalender zusammenstellen.

▶ Sie haben beispielsweise in der nächsten Zeit etwas ganz Bestimmtes vor.

▶ In der Übersicht über die wichtigsten Aktivitäten ab Seite 41 können Sie unter der entsprechenden Rubrik die angestrebte Tätigkeit finden und die dafür günstigen sowie ungünstigen Konstellationen erfahren.

▶ Anschließend müssen Sie nur noch am Ende des Buchs in den Mondtabellen nachschauen, welche Termine folglich die besten sind.

Keine Dogmen

Doch eines ist nicht zu vergessen: Folgen Sie nicht sklavisch den Vorgaben des Mondes! Die folgenden Regeln und Ratschläge sind nicht als Dogmen zu betrachten. Insbesondere dringende Angelegenheiten oder Operationen sollten natürlich keinesfalls aufgeschoben werden, weil der Mond gerade nicht günstig steht. Auch der Spaß soll nicht vergessen werden. Wenn Sie an einem schönen Frühlingstag Lust zum Putzen und Ausmisten haben, sollten Sie das tun, auch wenn der Mond »dagegen« ist. Mit Freude bei der Sache zu sein verspricht ebenso viel Erfolg wie die richtige Mondkonstellation. Nehmen Sie die Ratschläge als Anregung, Ihren Verstand zu öffnen und für natürliche Prozesse sensibler zu werden. Ziel soll nicht das Befolgen von Regeln sein, sondern lediglich ein selbst bestimmtes Leben im Einklang mit der Natur.

Ob Sie nun ganz besonders gesundheitsbewusst leben wollen, Ihre Tätigkeiten im Haushalt zu optimieren versuchen, passionierter Hobbygärtner sind oder demnächst ein Bewerbungsgespräch haben – Ihr persönlicher Mondkalender wird Ihnen immer mit Rat zur Seite stehen.

Wie der Mond wirkt

Der Mond, nach der Sonne der zweithellste Himmelskörper am irdischen Firmament, entstand vor etwa 4,7 Milliarden Jahren entweder als selbstständige Verdichtung aus einer Gaswolke oder durch Abspaltung von der noch jungen Erde. Seitdem umkreist er die Erde als ständiger Begleiter mit einer Umlaufzeit, die nach jüngsten Messungen bei exakt 27 Tagen, 7 Stunden, 43 Minuten und 11,5 Sekunden liegt.

Während jedes Erdumlaufs dreht sich der Mond einmal um seine eigene Achse, so dass von der Erde aus immer nur eine Seite von ihm zu sehen ist.

Die Oberfläche des Mondes, der eigentlich dunkel ist, spiegelt das Licht der Sonne wider, von der sie beschienen wird. Der Mond selbst hat keine Leuchtkraft.

Bei seiner Erdumwanderung durchläuft der Mond nacheinander alle zwölf Zeichen des Tierkreises, der unsere Erde umspannt. In jedem hält er sich während eines Umlaufs für zwei bis drei Tage auf, bevor er ins nächste hinübergeht. Jedes Tierkreiszeichen verleiht ihm eine andere Qualität, die mehr oder weniger stark – je nach der Phase, in der sich der Mond beim Durchgang gerade befindet – ausgeprägt ist und zur Wirkung kommt.

Die Bahn des Erdtrabanten, dessen Masse nur 1/81 der Erdmasse ausmacht, ist fast kreisförmig und liegt im Durchschnitt ca. 384 000 Kilometer von der Erde entfernt.

Phasen und Qualitäten des Mondes

Es sind sieben Grundimpulse, über die sich die Wirkung des Mondes auf das irdische Leben mitteilt:

▶ Die vier verschiedenen Mondphasen
▶ Der aufsteigende und absteigende Mond
▶ Der Stand des Mondes in den verschiedenen Tierkreiszeichen.

Von allen Himmelskörpern, die der Nachthimmel zeigt, ist der Mond der leuchtkräftigste.

Daran kann man sich orientieren und dabei nach Möglichkeit auch die verschiedenen Kombinationseffekte berücksichtigen. Letzteres ist zuweilen recht kompliziert, wenn man etwa bedenkt, dass beispielsweise der zunehmende Mond in den ersten Tagen noch unter dem Einfluss des Neumondes steht, während zum Ende dieser Phase hin der bevorstehende Vollmond schon deutlich seine Wirkung ankündigt. In dieser Zeit von etwa 13 Tagen durchwandert der Mond aber auch mindestens sechs Tierkreiszeichen, die ihm jeweils wieder eine entsprechende Qualität verleihen.

Aber Sie müssen nicht befürchten, dass alles zu kompliziert wird; für die wichtigsten Naturvorgänge und Lebenssituationen gibt es vielfach bewährte Konstellationen, die in diesem Buch zusammengestellt sind.

Der Neumond

Wenn die der Erde zugewandte Seite des Mondes fast völlig verdunkelt ist, steht der Mond für zwei bis drei Tage ziemlich genau zwischen Erde und Sonne. Man nennt diese Konstellation auch Konjunktion. Dabei tritt der Fall ein, dass der Mond während dieser Phase in demselben Tierkreiszeichen steht wie die Sonne. Bei Neumond wirken immer kräftige Impulse auf Mensch und Natur. Man kann sie als Kräfte der Neuorientierung, des Beginnens bezeichnen. Die konzentrierten Energien sind frisch und ursprünglich, regen dazu an, Vorhaben zu planen, die in der Folge dann wachsen und reifen sollen.

Wetterwechsel ist erfahrungsgemäß eine der häufigsten Begleiterscheinungen des Neumonds. Beobachten Sie bei dieser Gelegenheit Ihr natürliches Umfeld einmal ganz genau.

Natur

In der Natur kündigen die Impulse des Neumondes Beginnendes an. Die Erde fängt an auszuatmen, die Säfte regen sich. Wer jetzt kranke Bäume oder Pflanzen zurückschneidet, kann erleben, wie sie sich zusehends erholen und regenerieren.

Körper

Für den menschlichen und tierischen Organismus verstärken die Neumondimpulse die Fähigkeit zur Entgiftung und Entschlackung. Zu keiner anderen Zeit ist die Wirksamkeit einer Fastenpause so hoch. Günstig ist die Neumondphase auch, um damit zu beginnen, ungesunde Gewohnheiten aufzugeben, wie etwa das Rauchen oder übermäßigen Alkoholkonsum.
Auf chirurgische Eingriffe sollte man nach Möglichkeit während der kurzen Phase des Neumondes verzichten.

Der zunehmende Mond

Sobald nach dem Neumond die schmale, nach links geöffnete Mondsichel zu erkennen ist, beginnt die Phase des zunehmenden Mondes. Von den Astronomen wird sie in zwei Abschnitte eingeteilt – in das erste und das zweite Viertel. Während des ersten Viertels nähert sich der Mond der Erde, bis er ihr nach wenig mehr als sieben Tagen als Halbmond am nächsten ist. Dann kreuzt er die Umlaufbahn der Erde um die Sonne und entfernt sich wieder von uns, um, immer weiter an Leuchtkraft zunehmend, nach etwa 14 Tagen das zweite Viertel zu vollenden und das Vollmondstadium zu erreichen. In der Phase des zunehmenden Mondes steht alles im Zeichen der Aufnahme und des Wachsens. Die positiven Einflüsse überwiegen jetzt, die Energien werden aufgenommen und gespeichert. In dieser Zeit steigern sich die Geburtenzahlen; sie erreichen bei Vollmond ihren absoluten Höhepunkt.

Medikamente sollten bei zunehmendem Mond immer ganz besonders sorgfältig eingenommen werden. Achten Sie vor allem darauf, dass Sie sie nicht überdosieren.

Natur

In der Natur dominiert das oberirdische Wachstum, die Säfte steigen nach oben. Jetzt ist die günstigste Zeit für die Aussaat und das Pflanzen von allem, was nach oben wächst und Früchte trägt, also für Blattgemüse, Obst und Blumen. In der Phase des zunehmenden Mondes gesäter Rasen wächst besonders schnell und kräftig; nach dem Mähen wächst er rasch nach.

Körper

Der Körper kann in der Zeit des zunehmenden Mondes alles, was ihm an Kräftigendem, Aufbauendem, Heilendem zugeführt wird, besonders gut aufnehmen und verwerten. Seine Selbstheilungskraft ist sehr groß. Diese Phase ist also gut geeignet, um sich zu kräftigen und zu erholen. Gespeichert werden allerdings auch die Nährstoffe, deshalb sollte jeder, der auf sein Gewicht achten muss, in dieser Zeit etwas zurückhaltender mit dem Essen sein. Bedenken sollte man auch, dass mit fortschreitender Zunahme des Mondes sich der Heilungsprozess bei Verletzungen verzögert; deshalb ist es angebracht, auf chirurgische Eingriffe zu verzichten, wenn das möglich ist – vor allem in der Nähe des Vollmondes.

> **Impfungen, sofern sie verzichtbar sind und es sich nicht um einen Notfall handelt, sollte man in der Phase des zunehmenden Mondes, vor allem aber bei Vollmond vermeiden. Sie stellen nämlich zunächst eine zu hohe körperliche Belastung dar.**

Der Vollmond

Wenn der Mond die Hälfte seines Erdumlaufes zurückgelegt hat, steht er der Sonne direkt gegenüber, in Opposition zu ihr. Seine sichtbare Oberfläche ist voll beleuchtet, er steht für ein bis zwei Tage als kreisrunde, leuchtende Scheibe am nächtlichen Himmel.

Zu keiner anderen Zeit sind die Impulse des Mondes so deutlich zu spüren wie in der Vollmondphase. Es ist die

Zeit starker Gefühle, positiver wie negativer. In den wenigen Stunden des Vollmondes werden nicht nur besonders hohe Geburtenzahlen, sondern auch überdurchschnittlich viele Unfälle und Gewaltverbrechen registriert.

Das Auftreten von verschiedenen gesundheitlichen Beschwerden, wie beispielsweise Asthmaanfällen, Allergien oder Gicht, ist bei Vollmond ebenso häufiger gegeben als in anderen Mondphasen.

Natur

In der Natur bewirken die kräftigen Impulse des Vollmondes, die den Richtungswechsel von Aufnahme zu Abgabe ankündigen, eine ganz besondere Stimmung. Einerseits erreicht die Natur jetzt den absoluten Höhepunkt ihrer Aufnahmefähigkeit, weshalb der Zeitpunkt für eine Pflanzendüngung geradezu ideal ist. Andererseits kann es beispielsweise leicht geschehen, dass Gehölze absterben, wenn auch nur wenige Zweige abgebrochen oder weggeschnitten werden.

Für das Sammeln von Heilkräutern ist jetzt die günstigste Zeit, ihre Heilkraft ist besonders groß. Vor allem heilende Wurzeln soll man in den Vollmondnächten ausgraben, da Tageslicht ihre Wirkung sehr mindert.

Teotihuacán – Mondpyramide sowie Wallfahrtsort des Sonnenkults im Aztekenreich – zeigt heute noch sehr eindrucksvoll die Naturbezogenheit und Verehrung von Sonne und Mond.

Körper

Der Organismus reagiert auf die starken Energien des Vollmondes häufig mit Unruhe und Nervosität. Sensible Menschen haben Schlafstörungen, so genannte Mondsüchtige erheben sich aus dem Bett und schlafwandeln, andere berichten von besonders eindrucksvollen Träumen und Visionen während dieser Phase. Es bietet sich so eine gute Gelegenheit, seelische Konflikte zu erkennen und den Weg zum eigenen Ich, zum Unterbewussten zu finden. Das Abenteuer zieht verstärkt an: Man ist jetzt auch zu außergewöhnlichen Aktivitäten bereit, an die man dann später mit Erstaunen oder Schaudern denkt. Weil Wunden stärker und länger bluten als zu anderen Zeiten, Verletzungen langsamer und schlechter heilen, ist es ratsam, bei Vollmond auf chirurgische Eingriffe zu verzichten, falls dies möglich ist. Außerdem muss bedacht werden, dass die Anfälligkeit für verschiedene gesundheitliche Beschwerden steigt.

In Vollmondnächten gibt es nach Operationen überdurchschnittlich viele Komplikationen (z. B. Nachblutungen). Deshalb werden in vielen amerikanischen und inzwischen auch einigen europäischen Kliniken bei Voll- und Neumond keine schweren Operationen mehr durchgeführt.

Der abnehmende Mond

Der Mond setzt seinen Erdumlauf fort und vollendet ihn. Er nähert sich jetzt wieder der Erde, wobei die Größe der von der Sonne beleuchteten Oberfläche von rechts nach links fortschreitend geringer wird. Wenn er etwa 22 Tage nach Neumond die Sonnenumlaufbahn der Erde erneut kreuzt, ist er nur mehr halb zu sehen. Nun beginnt das letzte Viertel, die nach rechts geöffnete Sichel wird von Tag zu Tag schmaler, bis die Neumondphase erreicht ist. Alles beginnt von neuem. Die Impulse des abnehmenden Mondes sind auf Abgabe gerichtet – auf das Freisetzen von Kräften und Energien. Dieser balsamische oder aussäende Mond, wie ihn die Astrologen interessanterweise nennen, befreit von Zweifeln sowie Ängsten und bündelt die positiven Gefühle für den nun bald beginnenden neuen Zyklus.

Natur

In der Natur fließen die Säfte abwärts, die Energien gehen zu den Wurzeln. Die Erde ist aufnahmebereit, das Wachstum unter der Oberfläche begünstigt. Jetzt ist es Zeit, zu pflanzen oder zu säen, was vorwiegend in die Erde hineinwächst, z. B. Wurzelgemüse und Kartoffeln. Nährstoffe und Feuchtigkeit werden vom Boden während dieser Phase besonders gut aufgenommen, deshalb sind Düngung und Bewässerung der Pflanzen jetzt besonders wirkungsvoll und noch dazu weniger umweltbelastend.

Körper

Der Organismus ist nun in seiner besten Form. Körperliche wie auch geistige Höchstleistungen gelingen müheloser. Ausspülen und Ausschwitzen ist die Devise bei abnehmendem Mond, deshalb wird auch alles, was mit Entgiftung und Entschlackung zu tun hat, gute Erfolge nach sich ziehen. Operationen gelingen zu dieser Zeit besser, Wunden heilen schneller.

Wenn Sie sich entschieden haben, einige überflüssige Pfunde loszuwerden, sollten Sie Ihre Abmagerungskur in die Phase des abnehmenden Mondes legen, denn das ist die optimale Zeit dafür.

Der auf- und absteigende Mond

Es gibt noch zwei weitere Mondqualitäten, die ganz besonders für die Pflanzenwelt von Bedeutung sind, aber ebenso Beachtung finden können, um einen nicht ganz idealen Zeitpunkt für eine Gesundheitsmaßnahme zu optimieren oder bei Haushaltaktivitäten bessere Ergebnisse zu erreichen. Diese Mondqualitäten, die allerdings nichts mit den bereits beschriebenen Mondphasen zu tun haben, ergeben sich aus dem siderischen (auf die Sterne bezogenen) Umlauf des Mondes, bei dem der Erdtrabant die zwölf Tierkreiszeichen durchläuft.

Der aufsteigende Mond

Aufsteigend durchquert der Mond dabei alle Tierkreiszeichen zwischen der Winter- und der Sommersonnenwende, also von Schütze über Steinbock, Wassermann, Fische, Widder und Stier bis zu den Zwillingen, wo er seinen Wendepunkt erreicht.

Der Zeitraum des aufsteigenden Mondes kann als Phase des Ausatmens der Erde betrachtet werden. Wachstum, Reifung und Ernte (Erntemond) sind bestimmend. Die Entwicklung über der Erdoberfläche ist der bei zunehmendem Mond ähnlich.

Der absteigende Mond

Absteigend durchwandert der Mond alle Tierkreiszeichen der Monate Juni bis Dezember, also Zwillinge, Krebs, Löwe, Jungfrau, Waage sowie schließlich Skorpion und Schütze (Wendepunkt).

Der Zeitraum des absteigenden Mondes kann als Phase des Einatmens der Erde gesehen werden. Vor allem Pflanzarbeiten (Pflanzmond) sind nun begünstigt. Die Entwicklung unter der Erdoberfläche ist der bei abnehmendem Mond ähnlich.

Der Mond in den Tierkreiszeichen

Bei seinem etwa 28-tägigen Umlauf um die Erde wandert der Mond durch die zwölf Sternbilder des astrologischen Tierkreises. In jedem von ihnen hält er sich für etwa zwei bis drei Tage auf. In den Tabellen ab Seite 114 ist die jeweilige Aufenthaltsdauer des Mondes angege-

---

Die aus dem Mittelalter überlieferten Begriffe »Pflanzmond« und »Erntemond« deuten bereits an, dass der ab- bzw. aufsteigende Mond vor allem für den landwirtschaftlichen und gärtnerischen Bereich von Bedeutung ist.

ben. Als Beurteilungskriterium dafür, von welchem Sternzeichen der einzelne Tag dominiert wird (ob z. B. noch ein Krebs- oder schon ein Löwetag gegeben ist), gilt für die Südwest-Redaktion ab dem Jahr 1999 nicht mehr das Zeichen, in dem der Mond steht, wenn der Tag beginnt. Entscheidend ist jetzt die Länge des Zeitraums, den der Mond am jeweiligen Tag in einem Sternzeichen verbringt (siehe hierzu auch Seite 113).

Durch die Kombination der Mondimpulse, deren Wirkung durch die verschiedenen Mondphasen bestimmt wird, mit den astrologischen Einflüssen, die von den Sternbildern ausgehen, entstehen Kräfte, die sowohl im körperlichen Bereich bei Mensch und Tier als auch für Gartenbau, Landwirtschaft und Holzbearbeitung von bedeutsamer Wirkung sind.

Die Impulse der Tierkreiszeichen

Die Impulse des Mondes auf alles irdische Leben wirken einerseits über direkte Energieeinflüsse, die durch die verschiedenen Mondphasen ausgeübt werden, und andererseits durch eher indirekte astrologische Einflüsse, die von den Tierkreiszeichen ausgehen, die der Mond auf seinem Erdumlauf gerade durchwandert.

Die vier Trigonen

Die zwölf Tierkreiszeichen werden in vier Gruppen eingeteilt; jede Gruppe ist einem Urelement zugeordnet, über welches die Sternzeichen astrologisch wirken.
- Stier, Jungfrau, Steinbock: *Erde*
- Krebs, Skorpion, Fische: *Wasser*
- Zwillinge, Waage, Wassermann: *Luft*
- Widder, Löwe, Schütze: *Feuer*

Die Vorstellung von den vier Urelementen Erde, Wasser, Luft und Feuer machte bereits im antiken Griechenland einen wesentlichen Teil des Weltbildes aus.

Tierkreiszeichen und Temperament

Neben diesen differenzierteren Charakterisierungen, die im Zusammenhang mit der Wirkung der Tierkreiszeichen stehen, gibt es noch eine einfachere Typenunterscheidung, die vom Mondstand bei der Geburt abhängt. Ob man eine Mondnatur ist ...

Durch die beschriebene Zuordnung der Tierkreiszeichen zu den Urelementen entstehen vier Trigone (Elementegruppen), die bestimmte Grundmuster in verschiedenen Bereichen des Lebens und der Natur angeben.

Erdtrigone

Die Erdtrigone steht für »trocken« und »kalt«. Dem entspricht ein eher melancholisches, beständiges Temperament. Damit verbunden sind langsame, aber starke und nachhaltige körperliche Reaktionen. Dazu kommen solche Charaktereigenschaften wie Umsicht, Treue und Beharrlichkeit. Negativ können übertriebene Ängstlichkeit und eine gewisse Starrköpfigkeit wirken.

Wassertrigone

Mit der Wassertrigone werden die Eigenschaften »feucht« und »kühl« verbunden. Sie entsprechen dem phlegmatischen Temperament. Dies äußert sich in rela-

Ein sanguinisches Temperament drückt sich meist sehr unmittelbar aus. Begeisterung wird auch spontan gezeigt.

tiv langsamen und verhältnismäßig schwachen körperlichen Reaktionen. Als besondere Charaktereigenschaften gelten starkes Einfühlungsvermögen, eine lebhafte Phantasie, Toleranz sowie der Hang zur Schwärmerei und Träumerei. Auf der anderen Seite findet man aber auch übergroße Empfindlichkeit, überschießende Gefühle und Lebensangst.

Lufttrigone

Der Lufttrigone ordnet man die Attribute »warm« und »feucht« zu. Diese Eigenschaften weisen auf ein sanguinisches, also ein lebhaftes, leichtes Temperament hin. Typisch dafür sind rasche, lebhafte Körperreaktionen und eine gute Auffassungsgabe. Als charakterliche Merkmale gelten hier Lebhaftigkeit, Empfänglichkeit sowie rasche Begeisterungsfähigkeit. Dazu können aber auch nervöse Unruhe, Reizbarkeit und eine gewisse Unbeständigkeit gehören.

Feuertrigone

Auf die Feuertrigone bezieht man die Eigenschaften »warm« und »trocken«. Sie entsprechen einem leicht aufbrausenden Temperament. Die entsprechenden körperlichen Reaktionen sind spontan, schnell und markant, die Erkenntnisfähigkeit ist sehr hoch. Charakterlich auffallend sind Energiegeladenheit, Mut und Pioniergeist. Die aktive Handlungsfähigkeit ist sehr ausgeprägt. Aber auch Ungeduld, Übereifer und mangelnde Vorsicht kommen zum Tragen.

Praktische Schlussfolgerungen

Da jeder Mensch alle diese Temperamente und Eigenschaften mehr oder weniger in sich trägt, werden gerade die Aspekte betont und aktiviert, die dem Urelement

…oder ob man keine Mondnatur ist, das entscheidet sich dadurch, ob der Mond zum Zeitpunkt der Geburt gerade auf- oder untergegangen ist. Mondnaturen sind sehr empfindsam, romantisch veranlagt und kommunikativ. Ihr Leben kann aber auch von starken Stimmungsschwankungen geprägt sein. Nicht-Mondnaturen kann man als realitätsbewusst, misstrauisch, eher reserviert und sehr aktiv bezeichnen.

entsprechen, dessen zugeordnete Sternzeichen der Mond gerade durchläuft. Dementsprechend können wir unser Verhalten beeinflussen und uns auf andere besser einstellen.

Jemand, bei dem beispielsweise das melancholische Temperament überwiegt, wird an Erdtagen noch zurückhaltender sein, dagegen aber an Feuertagen leichter aus sich herausgehen können. Andererseits dürfte es sinnlos sein, einen Choleriker an Feuertagen noch zusätzlich zu reizen.

Tierkreiszeichen und Alltag

An Widdertagen hat man einen scharfen, hellwachen Verstand und handelt spontan, aber auch verantwortungsbewusst. Schwierige Vorhaben und neue Projekte können angepackt und gut umgesetzt werden.

Neben den über die Naturelemente wirkenden Impulsen gehen von jedem Tierkreiszeichen noch andere Einflüsse aus, die letztlich unseren Alltag mitbestimmen können.

Dieser Einfluss ist aber häufig nicht direkt sichtbar, und es mag durchaus schwierig sein, ihn entsprechend nachzuprüfen. Doch im Unterbewusstsein lässt man sich dennoch davon führen.

Mond im Widder
Die Menschen haben ein erhöhtes Kontaktbedürfnis, außerdem viel Energie. Der Enthusiasmus ist jedoch eher kurzlebig.

Mond im Stier
Jetzt getroffene Entscheidungen sind nur schwer wieder rückgängig zu machen – also sollten Sie gut überlegen. Solch ein Tag ist vor allem günstig für finanzielle Aktivitäten.

Mond in den Zwillingen
Ein Austausch von Gedanken und Ideen findet statt. Bahnbrechendes Handeln ist an diesen Tagen nicht angesagt, aber es besteht viel Sinn für die Familie.

Mond im Krebs
Empfindsamkeit, eventuell auch Überempfindlichkeit zeichnen Krebstage aus. Menschen, die sich sehr leicht beeinflussen lassen, sollten auf der Hut sein.

Mond im Löwen
Unterhaltung, Spaß, Lebensfreude, Selbstdarstellung heißen die Mottos. Andererseits weckt Löwe auch Beschützerinstinkte – passen Sie auf, dass diese sich nicht zu übertriebenen Besitzansprüchen entwickeln.

Mond in der Jungfrau
Einerseits besteht großes Kontaktbedürfnis, andererseits aber auch die Tendenz zur Enthaltsamkeit. Solch ein Tag ist gut für die Erledigung von Kleinkram und Routineangelegenheiten ohne kreativen Anspruch.

Mond in der Waage
Romanzen, Freundschaft, Partnerschaft werden besonders groß geschrieben. Doch Vorsicht vor emotionalen Konflikten, denn es besteht die Gefahr der Eifersucht.

Mond im Skorpion
Man neigt zu Kritik und Misstrauen. Empfindlichkeit und Verletzbarkeit sind erhöht. Übersinnliches ist begünstigt.

Mond im Schützen
Unruhe, Sehnsucht nach dem Fremden und Unbekannten sowie eine übergroße Reiselust sind die stärksten Impulse.

Mond im Steinbock
Tradition, Autorität, Regeln, Disziplin, Beruf und Geschäft sind wichtig. Man tendiert aber auch zu Pessimismus und Frustration.

Mond im Wassermann
Soziales Engagement, Rationalität, neue Ideen und Zukunftsplanung haben Vorrang. Zu viel Idealismus wird enttäuscht. Frauen sind jetzt besonders stark.

> **Krebstage unterstützen auch die Entfaltung der schönen Seiten im Menschen. Außerdem ist man besonders geneigt, dem Bedürfnis nach Ruhe, Geborgenheit und dem Rückzug in sich selbst nachzugeben.**

Mond in den Fischen
Die Menschen ziehen sich zurück, suchen den Kontakt zum Partner oder zur Familie. Solch ein Tag ist gut für die Beschäftigung mit Spirituellem.

> An Fischetagen hat man eine lebhafte Phantasie und träumt sehr ausdrucksstark. Meditation und das Bedürfnis nach transzendenter Erfahrung stehen im Vordergrund. Die wirkliche Welt ist weit entfernt, man lebt eher in seiner eigenen Realität.

Praktische Schlussfolgerungen

Bei allen Terminplanungen diese Einflüsse zu berücksichtigen dürfte schwierig sein – abgesehen davon, dass es auch vom Grundcharakter jedes Menschen abhängt, welche dieser Tendenzen er wirklich spürt.

Doch vielleicht können Sie mit diesem Wissen Ihre Stimmungen und Bedürfnisse besser verstehen und überzeugender vermitteln.

Wenn Sie beispielsweise einmal nicht ausgehen wollen, lassen Sie sich dann von niemandem zu etwas anderem überreden, und bleiben Sie konsequenterweise zu Hause. Denn Sie wissen ja, es werden auch wieder Tage kommen, an denen Sie unternehmungslustig und kontaktfreudig sind.

Tierkreiszeichen und Pflanzen

Durch seinen jeweiligen Stand in den Tierkreiszeichen beeinflusst der Mond vor allem auch den Wuchs der unterschiedlichsten Pflanzenteile.

Erdtrigone (Stier, Jungfrau, Steinbock)

Der Mond in einem Erdzeichen wirkt auf Gewächse, die mit ihrem Hauptteil in den Boden hineinwachsen. Dazu gehören u. a.:
- Knoblauch, Wurzelpetersilie, Zwiebeln
- Kartoffeln, Karotten, Pastinaken
- Radieschen, Rettich, Sellerie
- Rote Bete, Schwarzwurzel

Wassertrigone (Krebs, Skorpion, Fische)

Der Mond in einem Wasserzeichen beeinflusst die Blattpflanzen, also alle Pflanzen, die wegen ihrer Blattbildung angebaut werden.
Dazu gehören u. a.:
- Chicorée, Endivien-, Feldsalat
- Kopf-, Eis-, Schnitt-, Pflücksalat
- Fenchel, Mangold
- Spargel
- Spinat, Wirsing, Kohlrabi
- Blumen-, Rosen-, Rot-, Weißkohl
- Blattpetersilie, alle anderen Blattkräuter

Futterpflanzen und Kohl sind weitere typische Blattpflanzen, die an Wassertagen unter ganz besonderem Mondeinfluss stehen.

Lufttrigone (Zwillinge, Waage, Wassermann)

Der Mond in einem Luftzeichen wirkt besonders auf alle Blütenpflanzen.
Dazu zählen u. a.:
- Brokkoli
- Sommerblumen
- Blütenstauden

Bei solch einer schönen, bunten Blütenpracht wird selbstverständlich nicht nur jedem Gartenfreund sofort das Herz aufgehen.

Feuertrigone (Widder, Löwe, Schütze)

Der Mond in einem Feuerzeichen beeinflusst die Fruchtpflanzen – die Gewächse, deren Produktivität auf den Aufbau des Fruchtkörpers gerichtet ist.

Dazu zählen u. a.:

▶ Erdbeeren, Baum- und Strauchobst
▶ Getreide
▶ Bohnen, Erbsen
▶ Gurken, Kürbis
▶ Auberginen, Zucchini
▶ Mais, Paprika, Tomaten

Für erfolgreiches Gärtnern und viele Arbeiten in der Landwirtschaft ist die Kenntnis dieser Einflüsse sehr bedeutend.

Daraus lassen sich beispielsweise optimale Termine für Aussaat, Pflege und Ernte der verschiedenen Pflanzen und Feldfrüchte ableiten.

Auch Sonnenblumen, die Ölpflanze Raps und Linsen werden zu den Fruchtpflanzen gerechnet, deren Wuchs an Feuertagen vom Mond begünstigt ist.

Tierkreiszeichen und Witterung

Die Wirkung, die von den Tierkreiszeichen ausgeht, in denen sich der Mond während seines Umlaufs gerade befindet, erstreckt sich nicht nur auf das Wachstum bestimmter Pflanzen, sondern prägt in gewissem Ausmaß auch die Witterungsqualität des betreffenden Tages. Man braucht allerdings eine gute Beobachtungsgabe und ein feines Gespür, um diese Einflüsse zu bemerken, da sie allzu leicht von den langfristigen Klima- und Wetterentwicklungen überdeckt werden. Dennoch sind sie für Tiere und Pflanzen von nicht zu unterschätzender Bedeutung und können auch uns helfen, scheinbar rätselhafte Naturereignisse und ihre Wirkungen besser zu verstehen.

Kältetage

An den Tagen, an denen der Mond in einem Erdzeichen (Stier, Jungfrau, Steinbock) steht, herrscht ein kühles Mikroklima vor, auch wenn die Lufttemperaturen hoch sein sollten.

Ziehen Wolken auf, dann macht sich die Abkühlung deutlicher bemerkbar als an anderen Tagen. Man fröstelt leichter. Die Erde wirkt unverhältnismäßig kühl, und man tut gut daran, eine Decke oder einen Pulli mitzunehmen, wenn man sich an den Strand oder auf eine Wiese legen will.

Wassertage

Steht der Mond in einem Wasserzeichen (Krebs, Skorpion, Fische), muss man häufiger mit Regen oder Schnee rechnen als an anderen Tagen.

Aber auch wenn die Sonne scheint, sind Boden und Gras meist unangenehm feucht und kühl. Besonders deutlich wird dieser Witterungseindruck bei zunehmendem Mond, wenn die Aufnahmefähigkeit des Bodens relativ gering ist.

Lichttage

Bestimmt ein Luftzeichen (Zwillinge, Waage, Wassermann) die Tagesqualität, wirkt die Lichteinstrahlung auf Pflanzen, Tiere und Menschen intensiver.

Es ist dann heller als an anderen Tagen, und dieser Eindruck besteht auch, wenn sich die Sonne hinter Wolken versteckt. Manche Menschen empfinden das Tageslicht an diesen Tagen als besonders grell und tragen auch bei bedecktem Himmel eine Sonnenbrille. Aber in aller Regel wirkt diese Helligkeit auf viele eher aufmunternd und anregend.

> **Die Witterung an den so genannten Kältetagen ist vor allem für ausgiebige Wanderungen oder längere Radtouren besonders geeignet, weil man die Luft dann als frischer und klarer empfindet.**

Wärmetage

Eine angenehme, als verhältnismäßig warm oder mild empfundene Grundstimmung herrscht vor, wenn sich der Mond in einem der drei Feuerzeichen (Widder, Löwe, Schütze) befindet.

Solche Tage laden zu Ausflügen in die Natur ein, auch dann, wenn der längerfristige Wettercharakter eher unfreundlich ist. Im Sommer sollte man an heißen Löwetagen auf der Hut sein, denn nicht selten wird man von schweren Gewittern überrascht, die auch von Hagel begleitet sein können.

Man muss seine Sensibilität und den Blick für das Detail schon schärfen, um diese Witterungsqualitäten zu erkennen. Wer dies aber schafft, wird ein neues Verhältnis zur Natur entwickeln und vieles entdecken, was ihm zuvor verborgen war.

> Das warm und trocken wirkende Klima an den so genannten Wärmetagen lädt geradezu zu Ausflügen, Picknicks oder anderen Veranstaltungen in freier Natur ein. Aufgrund der gegebenen Gewitterneigung sollte man für entsprechenden Regenschutz sorgen.

Tierkreiszeichen und Nahrung

In manchen Mondkalendern werden berechtigterweise auch die Einflüsse der Tierkreiszeichen auf die Nahrungsqualität behandelt:

Diese Qualität kann für die Gesundheit durchaus von besonders großer Wichtigkeit sein, auch wenn sie leider von der modernen Ernährungswissenschaft immer noch nicht anerkannt ist. Worum geht es dabei? Beobachtung und Erfahrungen haben gezeigt, dass der Organismus zu bestimmten Zeiten auf bestimmte Nährstoffe in besonderer Weise reagiert.

Häufig werden diese dann besonders gut aufgenommen und verwertet. Manchmal ist leider aber auch das Gegenteil der Fall – die Nährstoffe bekommen nicht, und man sollte sie zu diesem Zeitpunkt besser meiden.

Man ist gut beraten, wenn man darauf achtet und eigene Erfahrungen bei der Speisenauswahl berücksichtigt. So kann man nicht nur Ernährungsfehler vermeiden, sondern auch verhindern, dass bestimmte Nährstoffe, zu einem bestimmten Zeitpunkt gegessen, wegen allzu guter Verwertung dick machen oder sogar zu ernsthaften Erkrankungen führen.

Besonders bekömmliche und deshalb empfehlenswerte Gemüse an Erdtagen sind neben Kartoffeln z. B. Lauch und Zwiebeln.

Salz

Die Erdzeichen (Stier, Jungfrau, Steinbock) beeinflussen die Salzqualität. Beobachten Sie einmal, ob Sie an diesen Tagen besonders Appetit auf Salziges haben oder nicht. Wenn ja, geben Sie Ihrem Verlangen ruhig einmal nach, denn Salz braucht der Körper für die Bluternährung. An diesen Tagen ist die Wirkung dann entsprechend günstig.

Achtung: Wenn Sie aus gesundheitlichen Gründen, z. B. wegen Bluthochdrucks, salzarm essen müssen, dann seien Sie an diesen Tagen besonders vorsichtig, denn auch geringere Mengen haben jetzt eine große, in diesem Fall negative Wirkung.

Reichlich Rohkost ist stets ein guter Beitrag zur gesunden Ernährung. Bei entsprechender Anfälligkeit sollte man es aber mit dem Salzen an gewissen Tagen nicht zu gut meinen.

> Wenn der Mond sich in einem Wasserzeichen befindet, sollten frische Blattsalate oder Spinat auf dem Speiseplan stehen. An Lufttagen können vor allem Artischocken und Brokkoli vom Körper gut verwertet werden.

Kohlenhydrate

Die Wasserzeichen (Krebs, Skorpion, Fische) bedingen eine besondere Kohlenhydratqualität. Viele bevorzugen an diesen Tagen Brot, Kuchen, Mehlspeisen und Süßigkeiten. Das muss nicht falsch sein, denn Kohlenhydrate gelten als Nervennahrung und werden benötigt.

Achtung: Wenn Sie Stoffwechselprobleme haben und überdies etwas für die schlanke Linie tun wollen oder müssen, halten Sie sich an diesen Tagen zurück, denn kohlenhydratreiche Nahrungsmittel setzen dann besonders gut an.

Fett

Die Luftzeichen (Zwillinge, Waage, Wassermann) unterstützen die Nahrungsfette bei ihrer Wirkung auf den Organismus. Oft bekommt Fettes und Öliges an diesen Tagen recht gut und beeinflusst die inneren Drüsen positiv. Dann folgen Sie doch einfach einmal Ihrem Appetit, und bestellen Sie die Schweinshaxe, bei deren Anblick Ihnen das Wasser im Mund zusammenläuft.

Achtung: Gerade beim Fett scheiden sich die Geister am strengsten. Vermeiden Sie Fettes gerade an den Lufttagen, wenn es Ihnen grundsätzlich nicht bekommt. Sie gehen damit einer besonders ungünstigen Wirkung auf die Gesundheit aus dem Weg.

Eiweiß

Die Feuerzeichen (Widder, Löwe, Schütze) bestimmen die Eiweißqualität. An den Tagen, da der Mond in diesen Tierkreiszeichen steht, wirken eiweißhaltige Nahrungsmittel in der Regel besonders günstig auf unseren Organismus. Sie fördern den Zellaufbau und stärken physische Kraft und geistige Energien.

Achtung: Bedenken Sie aber, dass jede Einseitigkeit in der Ernährung die positive Wirkung bestimmter Nahrungsmittel abschwächen und unter Umständen sogar aufheben kann. Gerade ein Überangebot an Eiweißen kann zu Verdauungsstörungen führen, die den Organismus eher schwächen.

Praktische Schlussfolgerungen

Es ist gewiss nicht falsch, wenn man die hier genannten Nahrungsqualitäten bei der Speisenauswahl beachtet, denn sie weisen für den entsprechenden Zeitpunkt recht eindeutig auf eine Übereinstimmung zwischen dem Organismus und den jeweiligen Nährstoffen hin. Falsch wäre es allerdings, daraus ein perfektes Rezept, sozusagen eine Speisekarte nach dem Mond, ableiten zu wollen. Richtiger ist vielmehr, seine Ernährungsgewohnheiten einmal unter diesem Aspekt zu überprüfen, Beobachtungen sowie Erfahrungen zu sammeln und mit den Signalen des eigenen Körpers zu vergleichen. Dann finden Sie vielleicht einen geeigneten Rhythmus, der Appetit, Geschmack und Bekömmlichkeit auf angenehme Weise miteinander verbindet. Und damit fängt gesunde Ernährung an.

Wenn der Mond in Widder, Löwe oder Schütze steht, sind Auberginen, Hülsenfrüchte, rote Paprika, Tomaten und ebenso Zucchini die besonders gesunden Gemüse des Tages.

Tierkreiszeichen und Körperregionen

Jedem Tierkreiszeichen werden bestimmte Bereiche des menschlichen Organismus zugeordnet.
Der Mond durchwandert somit in jedem Monat quasi den ganzen Körper, wobei er im Laufe des Jahres wiederum verschiedene Kräfte entfaltet, je nachdem, in welcher Phase er sich befindet. Und so sieht die Zuordnung der Körperregionen zu den verschiedenen Tierkreiszeichen aus:

Laut US-Wissenschaftlern gibt es einen Zusammenhang zwischen Mond und menschlicher Gehirntätigkeit: Der Mond schafft nicht nur Ebbe und Flut, sondern beeinflusst auch das elektromagnetische Erdfeld. Da die Gehirntätigkeit durch winzige elektrische Ströme entsteht...

Widder
Dem Widder werden der Kopf (Gehirn) und das Gesicht (Augen, Nase) zugeordnet.

Stier
Der Stier wirkt auf den Kiefer (Zähne), den Hals (Mandeln, Schilddrüse), den Nacken und die Ohren.

Zwillinge
Die Zwillinge beeinflussen sowohl die Bronchien und die Schulterpartie als auch die Arme und die Hände.

Krebs
Der Krebs übt seine Wirkung auf die Brust, den Magen, die Lunge sowie auf Leber und Galle aus.

Löwe
Der Löwe nimmt Einfluss auf das Herz, den Kreislauf, den Blutdruck und den Rückenbereich.

Jungfrau
Der Jungfrau ordnet man den Stoffwechsel, die Verdauung und die Nerven zu.

Waage
Die Wirkung der Waage zielt gleichermaßen auf die Hüftregion wie auf die Nieren und die Blase.

In dieser frühen Darstellung des Weltsystems (nach dem berühmten Astrologen Tycho Brahe) wird bereits die Bedeutung der Tierkreiszeichen für das irdische Leben veranschaulicht.

Skorpion
Dem Skorpion werden die inneren und äußeren Sexualorgane sowie zusätzlich die ableitenden Harnwege zugeordnet.

Schütze
Der Schütze beeinflusst die Oberschenkel und ebenso die Venen.

Steinbock
Der Steinbock bestimmt neben den Knien auch noch die Haut sowie den Knochenbau (Skelett).

Wassermann
Der Wassermann nimmt ebenso Einfluss auf die Unterschenkel wie auf die Venen und die Knöchel.

Fische
Den Fischen werden schließlich die Füße und Zehen zugeordnet.

Praktische Schlussfolgerungen

Wenn von lunarischen Einflüssen auf die Bereiche Gesundheit und Wohlbefinden die Rede ist, müssen zunächst einmal wenigstens zwei Wirkungsfelder unterschieden werden:
▶ Die Wirkung der verschiedenen Mondphasen, die eher allgemein ist.
▶ Die Impulse, die vom Stand des Mondes in den zwölf Tierkreiszeichen bestimmt werden und die sehr spezifisch für einzelne Körperregionen bzw. Organsysteme sind.

Viele Erfahrungen zeigen sehr eindrucksvoll: Aus der tatsächlichen Überlagerung beider Wirkungsfelder ergeben sich mitunter recht komplexe Kombinationseffekte, die durchaus die jeweiligen Einzelwirkungen entweder entsprechend verstärken oder aber auch abschwächen können.

…registrieren diese Gehirnströme wahrscheinlich auch die Schwankungen des natürlichen Magnetfelds. Die daraus resultierenden Gehirnstromschwankungen bedingen Kopfschmerzen, Migräne, Erregungszustände, Nervosität usw. – je nach Veranlagung.

Selbstverständlich ist in jeder einzelnen Situation mit dem zuständigen Arzt erst einmal genau abzuklären, ob eine anstehende Operation überhaupt verschoben werden kann, bis der Mond sich in einem anderen Tierkreiszeichen oder der abnehmenden Phase befindet. Eine Notoperation kann selbstverständlich nicht vom Stand des Mondes abhängig gemacht werden.

Während der Mond ein bestimmtes Tierkreiszeichen durchläuft, sind die zugeordneten Körperregionen einerseits besonders anfällig für verschiedene starke Belastungen, andererseits besonders empfänglich für Entlastung, Pflege und Behandlung.

Chirurgische Eingriffe sollten aber, falls es irgendwie möglich ist, vermieden werden, da sie zuerst einmal eine besondere Belastung der betreffenden Körperregion darstellen.

Die Mondkonstellation – eine Hilfestellung

Bevor im folgenden Abschnitt diese Einflüsse näher beschrieben und entsprechende Tipps gegeben werden, muss noch eines klargestellt werden:

Es wäre grundfalsch und entspräche ganz und gar nicht dem Anliegen dieses Buchs, nähme man nun an, Gesundheit und Wohlbefinden des Einzelnen hingen allein oder in bedeutendem Ausmaß von außerirdischen Kräften ab.

Ganz im Gegenteil, jeder von uns ist für seine Gesundheit – die körperliche wie auch die seelische – vor allem selbst verantwortlich. Was er tut oder unterlässt, ist entscheidend.

Die Kräfte des Mondes können lediglich dabei helfen, das Richtige zu tun und das Schlechte zu unterlassen. Und sie können das Richtige, das zum rechten Zeitpunkt geschieht, unterstützen, noch wirksamer werden lassen. Der Mond heilt nicht, aber er kann beim Heilen helfen.

Im nun folgenden tabellarischen Überblick sind noch einmal alle Tierkreiszeichen und ihre Zuordnungen (auf- bzw. absteigender Mond, Element, Pflanzenteil, Nahrung, Tagesqualität und Körperregion) zusammengestellt.

Tierkreiszeichen und Zuordnungen

Tierkreiszeichen	Auf-/Absteigend	Element	Pflanzenteil	Nahrung	Tagesqualität	Körperregion
Widder	⌣	Feuer	Frucht	Eiweiß	Wärme	Kopf, Gesicht
Stier	⌣	Erde	Wurzel	Salz	Kälte	Kiefer, Hals, Nacken
Zwillinge	⌣ ⌢	Luft	Blüte	Fett	Licht	Schultern, Arme, Hände
Krebs	⌢	Wasser	Blatt	Kohlenhydrate	Feuchtigkeit	Magen, Lunge, Gallenblase, Leber
Löwe	⌢	Feuer	Frucht	Eiweiß	Wärme	Herz, Kreislauf, Blutdruck
Jungfrau	⌢	Erde	Wurzel	Salz	Kälte	Stoffwechsel, Verdauung
Waage	⌢	Luft	Blüte	Fett	Licht	Hüfte, Nieren, Blase
Skorpion	⌢	Wasser	Blatt	Kohlenhydrate	Feuchtigkeit	Sexualorgane, Harnleiter
Schütze	⌣ ⌢	Feuer	Frucht	Eiweiß	Wärme	Oberschenkel, Venen
Steinbock	⌣	Erde	Wurzel	Salz	Kälte	Knie, Haut, Knochen
Wassermann	⌣	Luft	Blüte	Fett	Licht	Unterschenkel, Venen
Fische	⌣	Wasser	Blatt	Kohlenhydrate	Feuchtigkeit	Füße, Zehen

Ratschläge für die Praxis

Von Abnehmen über Schuhe putzen und Unkraut jäten bis zu Meditieren – für nahezu alle Angelegenheiten können Sie den Mondkalender nach günstigen oder ungünstigen Terminen befragen, wie Sie in diesem Kapitel sehen werden. Daneben gibt es auch ein paar Anregungen, wie Sie die Regeln in die Praxis umsetzen können. Diese Ratschläge basieren ebenfalls auf jahrhundertelanger Erfahrung – die meisten stammen aus Großmutters Schatzkästlein.

Der richtige Zeitpunkt

Aus der Kenntnis der Mondrhythmen, verbunden mit jahrhundertealten Erfahrungen, lassen sich viele Ratschläge für den praktischen Umgang mit der Natur, für die Verrichtung vieler Tätigkeiten in Haus und Hof, aber auch für die Bewältigung verschiedener Lebenssituationen gewinnen.

Das betrifft die Gesundheit ebenso wie die Ernährung, außerdem Körper- und Schönheitspflege und den Haushalt im Allgemeinen. Das betrifft aber natürlich auch das Wetter, die Aussaat, Pflege und Ernte der Pflanzen, den Einschlag und die Bearbeitung von Holz sowie den gesamten Umgang mit Heilkräutern.

Alle diese Ratschläge haben sich in der Praxis bewährt. Dennoch sollten sie nicht als Resultat eines starren Konzepts verstanden und bedenkenlos befolgt werden. Stets gilt es, die individuellen Bedingungen und Erfahrungen mit einzubeziehen und sich auf sein Gefühl zu

Althergebrachte Lebensweisheiten, wie z. B. die bäuerlichen Wetterregeln, lassen sich heutzutage nicht unbedingt mehr logisch nachvollziehen. Was für sie allerdings immer noch spricht, ist ihr hoher Erfahrungsgehalt.

Gärtnern nach dem Mond ist eine der augenfälligsten Möglichkeiten, wie man sich den Einfluss der Gestirne zu Nutze machen kann.

verlassen. Wenn beispielsweise widrige Witterungsbedingungen eine geplante Arbeit unmöglich machen oder Zeitmangel einen Termin gefährdet, besteht kein Grund zur Besorgnis. Es gibt für jede Aktivität auch noch eine ganze Reihe von Ausweichterminen, die kaum weniger günstig sind als der optimale Zeitpunkt, der von der Mondkonstellation bestimmt wird.

Die Übersichten dieses Kapitels werden alle wesentlichen Lebensbereiche, von Gesundheit und Schönheitspflege über Gärtnern, Landwirtschaft und Holzverarbeitung bis hin zu Berufs- und Privatleben, beleuchten und die häufigsten Tätigkeiten bzw. Situationen des Alltags ansprechen.

Die Bewertungskriterien

In den folgenden Übersichten finden Sie – nach Rubriken geordnet – eine Reihe von Aktivitäten aus der Praxis des täglichen Lebens, für die günstige und weniger günstige Mondtermine gelten.

Dabei bedeuten die Bewertungskriterien:

▸ **Sehr günstig:** Der beste Zeitpunkt für diese Tätigkeit, Maßnahme oder Anwendung ist gegeben.

▸ **Günstig:** Der Zeitpunkt ist geeignet für diese Tätigkeit, Maßnahme oder Anwendung.

▸ **Weniger günstig:** Wenn Sie die Möglichkeit haben, sollten Sie einen anderen Zeitpunkt für diese Tätigkeit, Maßnahme oder Anwendung wählen.

▸ **Ungünstig:** Zu diesem Zeitpunkt sollten Sie die entsprechende Tätigkeit, Maßnahme oder Anwendung besser unterlassen.

Wie Sie sehen werden, können nicht für jede Aktivität alle diese Bewertungskriterien genannt werden. Manche Tätigkeit oder Situation wird deshalb nur einmal oder zweimal bewertet.

Bei den Bewertungen des Risikos, dass gesundheitliche Beschwerden auftreten, wurden die folgenden Kriterien verwendet:

▸ **Besonders hoch**
▸ **Erhöht**

Die Mondtabellen

Aus den am Ende des Buchs folgenden Mondtabellen können Sie für jeden Tag der Jahre 1999 bis 2004 entnehmen, in welcher Phase und in welchem Tierkreiszeichen sich der Mond befindet. Wenn Sie also beispielsweise eine bestimmte Tätigkeit im Haushalt, im Garten, auf dem Feld oder im Wald vorhaben, können Sie ganz einfach auf folgende Art und Weise verfahren:
Sie suchen den günstigsten Mondeinfluss für diese Aktivität in der entsprechenden Rubrik dieses Kapitels und bestimmen anschließend anhand der Mondtabelle den optimalen Termin. Auf diese Weise kann man sich sehr leicht einen Mondkalender anlegen, der den ganz persönlichen Bedürfnissen entspricht.

Das Mondtagebuch

Bei den Ratschlägen auf den folgenden Seiten haben Sie die Gelegenheit, eigene Beobachtungen und Erfahrungen im Umgang mit den Mondregeln zu notieren. Machen Sie davon Gebrauch, und überprüfen Sie kritisch, ob das, was Sie erwarten, auch eintrifft. Noch besser ist es, wenn Sie für einige Zeit – vielleicht ein Jahr lang – ein Mondtagebuch führen.
Neben dem Datum vermerken Sie darin die Mondphase und das Tierkreiszeichen, das der Mond an diesem Tage durchläuft. Dazu notieren Sie sich die Tätigkeiten, die Sie durchgeführt haben, und vermerken, ob diese durch den Mond mehr oder weniger begünstigt sein sollten. Wenn Sie dann noch das Ergebnis der Aktivität registrieren und (positiv, neutral bzw. negativ) bewerten sowie die Ergebnisse mit denen anderer Tage vergleichen, werden Sie anschaulich und beweiskräftig erfah-

Die vielfältigen, eher theoretischen Informationen des nun folgenden Abschnitts mit den genauen Daten der Mondkonstellationen von 1999 bis 2004 zu kombinieren, um so eine auf Ihre Bedingungen flexibel zugeschnittene Orientierungshilfe zu liefern – das ist Sinn und Zweck dieses Arbeitsbuchs.

> Auch Johann Wolfgang von Goethe, übrigens ein Kind des Vollmonds, war sehr mondfühlig und glaubte an die Zusammenhänge zwischen menschlichem Schicksal und Mond, den er in seinem Werk häufig thematisierte.

ren, ob und wie die Mondeinflüsse auf Ihren Alltag wirken und wie Sie sich diese Einflüsse zunutze machen können.

Ein Beispiel

Es ist Ende Februar 1999, und Sie möchten demnächst Ihre Fenster putzen.

Zuerst schauen Sie unter der Sparte »Haushalt«, Seite 63 ff., nach. Dort erfahren Sie unter »Fenster putzen«, dass dafür Luft- und Feuertage bei abnehmendem Mond am günstigsten sind.

Nun schlagen Sie die Mondtabellen am Ende des Buchs auf und suchen die nächsten Termine mit dieser Konstellation heraus.

In diesem Fall müssen sie noch ein paar Tage warten, da der Mond bis zum 1. März noch zunimmt.

Am 4. März steht der abnehmende Mond in der Waage, das ist ein Lufttag und somit ein guter Termin.

Sollten Sie da allerdings keine Zeit haben, können Sie sich auch den 9. oder 10. März vornehmen, wenn sich der abnehmende Mond im Schützen, einem Feuerzeichen, befindet.

Doch es soll noch einmal hervorgehoben werden: Die Mondregeln sind als Anregungen und nicht als Dogmen zu betrachten! Beispielsweise muss eine dringende Operation natürlich sofort, ohne Rücksicht auf den Mondstand, ausgeführt werden.

Und bei Arbeiten im Garten wird selbstverständlich immer auch das Wetter in die Planung einbezogen – niemand wird bei Minusgraden Rasen ansäen, auch wenn die Mondkonstellation optimal ist.

Werden Sie sensibel für Ihre Umwelt, doch vergessen Sie bei alledem nicht Ihren gesunden Menschenverstand!

Gesundheit

Mit »Gesundheit« bezeichnet man nicht allein die Abwesenheit von Krankheit; der Begriff ist viel umfassender zu verstehen. Wir bestehen nicht nur aus unserem Körper, aus Knochen, Nerven, Muskeln und Organen. Was den Menschen ausmacht, ist die Einheit aus Körper, Geist und Seele.

Das bedeutet einerseits, dass wir erkennen können, in welcher Weise auftretende körperliche Symptome psychische Ursachen haben. Andererseits sollte jeder für sich selbst seinen Begriff von Gesundheit definieren. Jeder Mensch hat in allen Bereichen seine Schwächen und Stärken. Dies hängt u. a. von Alter, Lebenssituation und allgemeiner körperlicher Verfassung ab. Also muss jeder für sich herausfinden, was gesund ist.

Für uns alle gilt jedoch, dass eine grundsätzlich positive Einstellung dem Leben gegenüber ausschlaggebend für die eigene Gesundheit ist. Doch natürlich hat auch die Lebensführung Bedeutung. Ein wichtiger Aspekt ist die Ernährung, außerdem Bewegung, Schlaf und Entspannung. Unser Körper sagt uns, was er braucht. Dazu ist es allerdings notwendig, ihm zuzuhören, also sensibel für seine Botschaften zu werden, alle Körperbereiche zu pflegen oder eventuell psychische Ursachen herauszufinden und zu beheben. Doch wie kann uns nun der Mond dabei helfen, unsere Gesundheit zu bewahren oder gesünder zu werden?

Alle Krankheitssyptome sind letztlich durch die Alterung von Körperzellen bedingt. Viele Altersforscher vertreten die Auffassung, dass der Mensch leicht über 100 Jahre alt werden könnte, würde er sich physiologisch richtig ernähren.

Die Wirkung des Mondes

Bei Neumond ist die Entgiftungsbereitschaft des Körpers besonders groß. Der Zeitpunkt ist also passend, um sich das Rauchen abzugewöhnen, seinen Alkoholkonsum zu reduzieren oder mit einer Diät zu beginnen.

Bei zunehmendem Mond kann der Körper alles, was er bekommt, besonders gut verwerten. Das betrifft sowohl alles, was auf den Körper heilend und aufbauend wirkt, als auch die Nährstoffe. Diese Phase ist gut geeignet, um sich zu erholen.

Bei Vollmond sind viele Menschen unruhiger als sonst und neigen stärker zu Aggressionen. Schlafstörungen sind häufiger, und man träumt intensiver. Wunden bluten stärker und verheilen schlechter. Dies bedeutet, dass Sie sich bei Vollmond – außer in Notfällen – nicht operieren lassen sollten.

Bei abnehmendem Mond befindet sich der Organismus in Höchstform. Körper und Geist sind zu Höchstleistungen fähig. Günstig ist dies für die Entgiftung und Entschlackung des Körpers sowie für operative Eingriffe, denn Wunden heilen schneller. Auf die Psyche wirken Meditationen und Entspannungsübungen mit besonderer Intensität.

Die Tierkreiszeichen

Diese Einflüsse der Mondphasen sind im Zusammenhang mit den Tierkreiszeichen zu sehen, die der Mond durchläuft. So ist z. B. bei zunehmendem Mond besonders die Wirkung der Tierkreiszeichen auf die Nahrung zu beachten. Und insbesondere, wenn es um einen operativen Eingriff geht, muss berücksichtigt werden, welches Zeichen der Mond gerade durchwandert.

Versuchen Sie es! Lernen Sie, die Zeichen Ihres Körpers zu erkennen und zu deuten. Die folgenden Richtlinien können Ihnen dabei helfen.

▶ **Abnehmen**
Sehr günstig: Bei Neumond (Fasttag)
Günstig: Bei abnehmendem Mond

Wer bei abnehmendem Mond weniger isst, kann sein Gewicht besonders effektiv reduzieren. Selbst wenn man auf manches nicht so konsequent verzichten kann, setzen die Nährstoffe, vor allem die Fette, nicht so an wie bei zunehmendem oder vollem Mond.

Nach dem Stress des Tages, bei Nervosität oder schlechtem Gemütszustand kann das passende ätherische Öl als Badezusatz oftmals wahre Wunder wirken.

Weniger günstig: Bei zunehmendem Mond
Ungünstig: Bei Vollmond

▸ **Bäder, heilende**
Sehr günstig: Bei zunehmendem Mond an den Erdtagen (Stier, Jungfrau, Steinbock) höchst erfolgversprechend
Günstig: An Erdtagen (Stier, Jungfrau, Steinbock) zu empfehlen
Weniger günstig: Bei abnehmendem Mond

▸ **Bewegungsapparat (Stärkung)**
Sehr günstig: Bei zunehmendem Mond
Weniger günstig: Bei abnehmendem Mond
Ungünstig: Bei Neumond

▸ **Brennnesselkur (zur Blutreinigung)**
Sehr günstig: Bei abnehmendem Mond
Weniger günstig: An allen Tagen mit zunehmendem Mond nicht ratsam

Vor allem Hauterkrankungen lassen sich durch ein Vollbad mit Kräuterzusätzen lindern: Bei einem Ekzem ist z. B. Zinnkraut gut geeignet, während bei Neurodermitis ein Badezusatz aus 1/4 Liter Milch und 1 Esslöffel Olivenöl die Haut beruhigt.

> Gegen Spannungskopfschmerzen hat sich häufig eine Wassermassage bewährt: Man führt den Wasserstrahl aus der Dusche (bei abgenommenem Duschkopf) von rechts unterhalb der Schläfe mehrmals kreisförmig um das Gesicht.

▶ **Entspannungsübungen**
Sehr günstig: Bei abnehmendem Mond
Günstig: Bei Neumond
Weniger günstig: Bei zunehmendem Mond
Ungünstig: Bei Vollmond

▶ **Fußreflexzonenmassage, entspannende, ausleitende**
Sehr günstig: Bei abnehmendem Mond an Fischetagen
Günstig: Bei abnehmendem Mond
Weniger günstig: Bei zunehmendem Mond
Ungünstig: Bei Vollmond

▶ **Fußreflexzonenmassage, regenerierende**
Sehr günstig: Bei zunehmendem Mond an Fischetagen
Günstig: Bei zunehmendem Mond
Weniger günstig: Bei abnehmendem Mond
Ungünstig: Bei abnehmendem Mond an Löwetagen

▶ **Massagen, entspannende**
Sehr günstig: Bei abnehmendem Mond in dem Zeichen, das die betreffende Körperregion bestimmt
Günstig: Bei abnehmendem Mond
Weniger günstig: Bei zunehmendem Mond
Ungünstig: Bei Vollmond

▶ **Massagen, kräftigende**
Sehr günstig: Bei zunehmendem Mond in dem Zeichen, das die betreffende Körperregion bestimmt
Günstig: Bei zunehmendem Mond
Weniger günstig: Bei abnehmendem Mond

▶ **Nägel (eingewachsene) ziehen**
Sehr günstig: Bei abnehmendem Mond, aber nicht an einem Fischetag

Günstig: Bei abnehmendem Mond
Weniger günstig: Bei zunehmendem Mond
Ungünstig: Bei zunehmendem Mond an einem Fischetag nicht zu empfehlen

▶ **Operationen, chirurgische Eingriffe**
(gilt nicht für Notoperationen)
Günstig: Bei abnehmendem Mond, aber nicht an dem Tag, an dem der Mond in dem Zeichen steht, das der betreffenden Körperregion zugeordnet ist
Weniger günstig: Bei zunehmendem Mond, aber auch bei abnehmendem Mond, wenn er in dem Zeichen steht, das der betreffenden Körperregion zugeordnet ist
Ungünstig: Bei Vollmond und Neumond

▶ **Schlechte Gewohnheiten aufgeben**
(z. B. das Rauchen)
Sehr günstig: Bei Neumond im März
Günstig: Bei Neumond
Weniger günstig: Bei zunehmendem Mond

▶ **Warzen entfernen**
Sehr günstig: Bei abnehmendem Mond (direkt nach Vollmond)
Günstig: Bei abnehmendem Mond
Weniger günstig: Bei zunehmendem Mond
Ungünstig: Bei zunehmendem Mond an einem Krebstag nicht zu empfehlen

▶ **Hühneraugen entfernen**
Sehr günstig: Bei abnehmendem Mond im Wassermann Behandlung beginnen
Günstig: Bei abnehmendem Mond
Ungünstig: Bei zunehmendem Mond

Die in aller Regel linsen- bis bohnengroßen Warzen werden durch unterschiedliche Arten des Papillomavirus verursacht. Befallen werden vor allem die schlechter durchbluteten Körperteile wie Hände und Füße.

Ein Ratschlag für alle, die sich vor einem Besuch beim Zahnarzt fürchten: Wenn es möglich ist, sollte man den Termin auf einen Nachmittag zwischen 14 und 15 Uhr legen, weil man da am wenigsten schmerzempfindlich ist.

▸ **Zahnärztliche Behandlung (Zähneziehen)**
Sehr günstig: Bei abnehmendem Mond mit Ausnahme von Lufttagen (Zwillinge, Waage, Wassermann)
Günstig: Bei abnehmendem Mond
Weniger günstig: Bei zunehmendem Mond
Ungünstig: Bei zunehmendem Mond an Lufttagen (Zwillinge, Waage, Wassermann) nicht zu empfehlen

▸ **Zahnärztliche Behandlung (Füllungen, Kronen usw.)**
Sehr günstig: Bei abnehmendem Mond
Weniger günstig: Bei zunehmendem Mond
Ungünstig: Bei zunehmendem Mond, wenn er im Tierkreiszeichen Stier steht

▸ **Zahnärztliche Behandlung (Kieferoperation)**
Sehr günstig: Bei abnehmendem Mond, aber nicht an einem Stiertag
Günstig: Bei abnehmendem Mond
Weniger günstig: Bei zunehmendem Mond
Ungünstig: Bei Vollmond, bei zunehmendem Mond an einem Stiertag

Regelmäßige zahnärztliche Prophylaxe hilft, das Schlimmste zu vermeiden. Sollte aber doch mal etwas sein, ist es halb so wild, wenn man für die Behandlung den richtigen Zeitpunkt wählt.

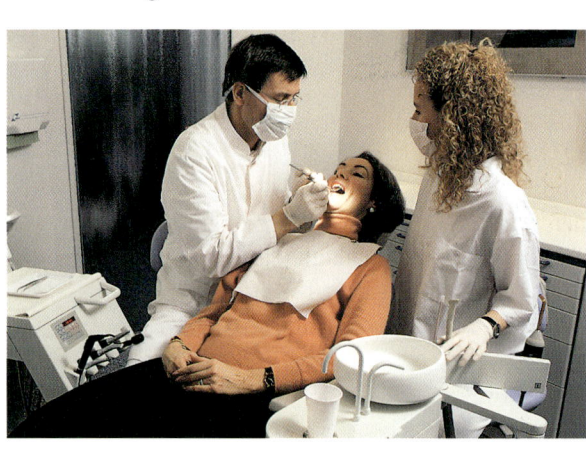

Risiken bei Beschwerden

Jedem der zwölf Tierkreiszeichen, die der Mond bei seinem Lauf um die Erde innerhalb von 28 Tagen durchwandert, ist eine bestimmte Körperregion zugeordnet. Dementsprechend empfänglich ist dieser Bereich an diesen Tagen – sowohl für negative als auch für positive Einflüsse. Dies bedeutet für uns, dass wir darauf achten sollten, eine Region nicht zu sehr zu belasten, wenn der Mond sich gerade im ihr entsprechenden Zeichen befindet. Bei Empfindlichkeiten im jeweiligen Bereich ist die Schonung desselben angesagt.

Andererseits sind diese Tage optimal dafür geeignet, die entsprechende Körperregion, in welcher Form auch immer, zu pflegen. Dies kann beispielsweise im Fall von Verdauungsproblemen ein Fasttag sein. Auch Massagen wirken besonders nachhaltig, wenn sie an dem richtigen Tag erfolgen. Entspannungsübungen, Heilbäder, die Einnahme von Heilmitteln, Inhalationen, Hautpflege, Gymnastik – die Auswahl an Pflegemaßnahmen ist vielfältig. Die Mondphasen verstärken diese pflegenden Wirkungen, indem sie bestimmte Maßnahmen positiv beeinflussen: Bei zunehmendem Mond wirkt alles, was aufbaut, kräftigt und heilt. Bei abnehmendem Mond sind Maßnahmen zur Entgiftung und Entlastung besonders wirksam.

Chirurgische Eingriffe sollten aber möglichst vermieden werden, wenn der Mond gerade das entsprechende Tierkreiszeichen durchläuft, da sie erst einmal eine besondere Belastung sind.

▶ **Allergien**
Besonders hoch: Bei Vollmond
Erhöht: Bei zunehmendem Mond

Allergien sind überschießende Abwehrreaktionen des Immunsystems auf ganz bestimmte Fremdstoffe, die in den Körper eindringen. Im Grunde kann jeder Stoff eine Allergie bedingen, die häufigsten Auslöser sind aber Pollen, Tierhaare, Hausstaub, gewisse Lebensmittel, Metalle und auch Medikamente.

> Augenbeschwerden
Besonders hoch: An den Widdertagen in der Nähe des Vollmonds
Erhöht: An Widdertagen

> Blasen- und Nierenbeschwerden
Besonders hoch: Bei zunehmendem Mond an den Waagetagen
Erhöht: An Waage- und Skorpiontagen

> Frauenleiden
Erhöht: An Skorpiontagen

> Fußbeschwerden
Besonders hoch: Bei zunehmendem Mond an den Fischetagen
Erhöht: An Fischetagen deutlich häufiger auftretend

> Gelenkschmerzen
Besonders hoch: Bei zunehmendem Mond an den Steinbocktagen
Erhöht: An Steinbock- und Wassermanntagen

> Halsschmerzen, Heiserkeit
Besonders hoch: Bei zunehmendem Mond im Stier
Erhöht: An sonstigen Stiertagen auch spürbar häufiger

> Herz-Kreislauf-Probleme
Besonders hoch: Bei Vollmond im Löwen oft gegeben
Erhöht: An Löwetagen

> Ischiasreizung
Besonders hoch: Bei zunehmendem Mond im Schützen
Erhöht: An Schützetagen

Die Basisbehandlung bei einer Blasenentzündung heißt: Viel trinken! Geeignet sind stilles Mineralwasser und Tees (kein schwarzer Tee). Preisel- und Johannisbeersaft erhöhen den Säuregehalt des Urins, was eine weitere Bakterienausbreitung hemmt.

▶ Kopfschmerzen, Migräne
Besonders hoch: An den Widdertagen im Oktober, März, April, September deutlich häufiger auftretend
Erhöht: An Widdertagen

▶ Leber- und Gallenblasenbeschwerden
Besonders hoch: Bei zunehmendem Mond im Krebs
Erhöht: An Krebstagen

▶ Magenbeschwerden
Erhöht: An Krebstagen

▶ Muskelschmerzen
Erhöht: An Zwillinge- und Schützetagen

▶ Ohrenschmerzen
Erhöht: An Stiertagen

▶ Rheumatische Beschwerden
Besonders hoch: Bei zunehmendem Mond an Zwillingetagen
Erhöht: An Zwillingetagen

▶ Schlafstörungen
Besonders hoch: Bei Vollmond im Löwen
Erhöht: An Löwetagen

▶ Venenbeschwerden
Erhöht: An Schütze- und Wassermanntagen

▶ Verdauungsprobleme
Besonders hoch: Bei zunehmendem Mond an Jungfrautagen
Erhöht: An Jungfrautagen

Die Magenschleimhautentzündung gehört zu den häufigsten Magenbeschwerden. Als Ursachen gelten Übersäuerung des Magens aufgrund falscher Ernährung, psychische Faktoren wie Angst oder Stress, Bakterien und chemische Einwirkungen durch Medikamente oder Alkohol.

Beschwerden und Heilpflanzen von A bis Z

Beschwerden	Heilkräuter, die helfen (Auswahl)
Abmagerung	Rettich, Leinsamen
Abszess	Kamille, Brennnessel, Zinnkraut, Odermennig
Afterschrunden	Kamille, Eichenrinde, Gartenrose
Altersschwäche	Löwenzahn, Ginseng, Knoblauch, Weißdorn
Anämie	Kirsche, Schwarze Johannisbeere
Angina	Holunder, Eibisch, Kamille, Salbei
Angina pectoris	Weißdorn, Schafgarbe
Appetitlosigkeit	Beifuß, Basilikum, Kümmel, Enzian, Zwiebel
Arteriosklerose	Arnika, Knoblauch, Mistel, Weißdorn, Zinnkraut
Asthma	Eibisch, Fenchel, Schöllkraut, Thymian
Augenentzündung	Augentrost, Eibisch, Leinkraut, Spitzwegerich
Bettnässen	Bärlapp, Johanniskraut, Schafgarbe, Mistel
Bisswunden	Anis, Spitzwegerich, Knoblauch
Blähungen	Dill, Kümmel, Pfefferminze, Wermut
Blasenbeschwerden	Weide, Bärentraube, Sellerie, Löwenzahn
Blinddarmreizung	Thymian, Brombeere
Blutdruck, hoher	Knoblauch, Mistel, Berberitze
Blutdruck, niedriger	Rosmarin, Mistel
Brandwunden	Klette, Spitzwegerich, Eibisch, Apfel
Brechreiz	Schöllkraut, Pfefferminze
Bronchitis	Fichte, Holunder, Sonnenhut, Thymian, Zwiebel
Darmkatarrh	Apfel, Enzian, Kalmus, Kamille, Mistel, Linde
Darmträgheit	Rote Johannisbeere, Tausendgüldenkraut
Diabetes (Zucker)	Klette, Löwenzahn, Mistel, Wacholder, Wermut
Durchblutungsstörungen	Ackerschachtelhalm, Rosmarin, Weißdorn
Durchfall	Brombeere, Eibisch, Süßholz, Leinsamen
Einschlafstörungen	Baldrian, Hopfen, Passionsblume, Melisse
Ekzeme	Apfel, Birke, Kamille, Malve, Odermennig
Erbrechen	Weinrebe, Dill, Linde, Eiche
Erkältung	Eukalyptus, Hagebutte, Sonnenhut, Zwiebel
Erschöpfung	Apfel, Johanniskraut, Holunder, Melisse

Beschwerden und Heilpflanzen von A bis Z

Beschwerden	Heilkräuter, die helfen (Auswahl)
Fettsucht	Löwenzahn, Apfel, Sellerie, Tausendgüldenkraut
Fieber	Mädesüß, Weide, Stechpalme, Sauerdorn, Apfel
Fingernägel, brüchige	Zinnkraut, Hirse, Zitrone
Flechten	Brennnessel, Kamille, Brombeere, Klette
Frauenleiden	Eisenkraut, Frauenmantel, Hirtentäschel, Melisse
Frühjahrsmüdigkeit	Sellerie, Holunder, Löwenzahn, Heidelbeere
Furunkel	Arnika, Eibisch, Kamille, Odermennig, Klette
Gallenblasenbeschwerden	Artischocke, Beifuß, Rettich, Schöllkraut, Wermut
Gastritis	Königskerze, Kamille, Johanniskraut, Salbei
Gelbsucht	Waldmeister, Wegwarte, Alant, Eiche, Hauhechel
Gerstenkorn	Leinsamen, Zinnkraut, Kamille
Geschwür	Beinwell, Hauswurz, Kamille, Salbei, Zwiebel
Gicht	Brennnessel, Raute, Schöllkraut, Wacholder
Gliederschmerzen	Odermennig, Majoran
Grippaler Infekt	Eibisch, Holunder, Kamille, Sonnenhut, Thymian
Haarausfall	Birke, Brennnessel, Kalmus, Zinnkraut, Klette
Haarschuppen	Brennnessel
Halsschmerzen	Salbei, Eichenrinde, Zwiebel, Fenchel, Weizen
Hämorrhoidalleiden	Rosskastanie, Bärlapp, Kamille, Quecke, Eiche
Handschweiß	Kamille, Weide, Eiche
Harnwegsinfektion	Heidelbeere, Bärentraube, Preiselbeere
Hautausschlag	Wegwarte, Birke, Brennnessel, Kamille, Klette
Heiserkeit	Fenchel, Apfel, Pfefferminze, Stiefmütterchen
Herzbeschwerden	Arnika, Baldrian, Herzgespann, Rosmarin
Herzrhythmusstörungen	Mistel, Hopfen, Knoblauch
Heuschnupfen	Heckenrose, Leinsamen, Augentrost, Linde
Hexenschuss	Odermennig, Arnika, Holunder, Johanniskraut
Hühneraugen	Knoblauch, Schöllkraut, Fette Henne, Zwiebel
Husten	Fenchel, Holunder, Königskerze, Thymian, Zwiebel
Infektionen	Sonnenhut, Kamille, Knoblauch
Insektenstiche	Anis, Eibisch, Hauswurz, Zwiebel, Salbei,

Beschwerden und Heilpflanzen von A bis Z

Beschwerden	Heilkräuter, die helfen (Auswahl)
Ischiasleiden	Brennnessel, Wacholder, Holunder
Keuchhusten	Fenchel, Himbeere, Rettich, Spitzwegerich, Eibisch
Knochenentzündung	Heublume, Beinwell
Kopfschmerzen	Johanniskraut, Baldrian, Lavendel, Rosmarin
Krampfadern	Arnika, Mistel, Rosskastanie, Ziest, Majoran
Kreislaufstörungen	Hirtentäschel, Mistel, Rosmarin, Weißdorn
Kreuzschmerzen	Brennnessel, Baldrian
Leberbeschwerden	Artischocke, Kamille, Mariendistel, Schöllkraut
Lippenherpes	Odermennig, Klette
Lungenentzündung	Beinwurz, Schöllkraut, Thymian, Holunder
Magen, verdorbener	Apfel, Pfefferminze, Gänsefingerkraut, Fenchel
Magenbeschwerden	Pomeranze, Melisse, Hopfen, Majoran
Magersucht	Eiche
Menstruationsbeschwerden	Frauenmantel, Tausendgüldenkraut, Wermut
Migräne	Baldrian, Schwarze Johannisbeere, Lavendel
Mittelohrentzündung	Spitzwegerich, Holunder, Hauswurz
Mundgeruch	Petersilie, Wermut, Erdbeere, Dill, Wacholder
Mundschleimhautentzündung	Salbei, Eibisch
Muskelkater	Majoran, Gänseblümchen
Nagelbettentzündung	Kamille, Arnika, Zwiebel
Nasenbluten	Schafgarbe, Bärlapp, Hirtentäschel, Mistel
Nervosität	Johanniskraut, Hopfen, Lavendel, Melisse
Nierenbeschwerden	Hagebutte, Brennnessel, Wacholder, Zinnkraut
Ohnmacht	Arnika, Rosskastanie, Enzian, Lavendel, Kamille
Ohrenschmerzen	Veilchen, Ysop, Spitzwegerich, Hauswurz, Anis
Potenzprobleme	Zwiebel, Weizen
Prostatabeschwerden	Kürbiskern, Goldrute, Alpenrose
Rheumatische Beschwerden	Beinwell, Apfel, Arnika, Raute, Salbei, Schafgarbe

Beschwerden und Heilpflanzen von A bis Z

Beschwerden	Heilkräuter, die helfen (Auswahl)
Scharlach	Holunder, Bärlapp
Schilddrüsenüberfunktion	Mistel, Eiche, Baldrian, Zwiebel
Schlafstörungen	Baldrian, Brombeere, Hopfen, Waldmeister, Dill
Schnupfen	Majoran, Schafgarbe, Pfefferminze, Holunder
Schüttelfrost	Heublume
Schweißfüße	Eiche, Kamille, Weide, Hafer
Schwindel	Knoblauch, Johanniskraut, Lavendel, Schafgarbe
Schwitzen	Kamille, Salbei, Weide, Brennnessel, Eiche
Seitenstechen	Salbei, Baldrian, Johanniskraut
Sodbrennen	Brennnessel, Sauerklee, Wermut, Wacholder
Sonnenbrand	Rosskastanie, Johanniskraut
Stoffwechselstörungen	Weinrebe, Salbei, Wacholder, Wermut
Thrombose	Rosskastanie
Übelkeit	Nelkenwurz, Artischocke, Pfefferminze
Unruhe, nervöse	Kamille, Anis, Thymian
Venenleiden	Ringelblume, Rosskastanie, Arnika
Verdauungsbeschwerden	Enzian, Heidelbeere, Hopfen, Kümmel, Wermut
Verrenkungen	Hauswurz, Arnika, Johanniskraut, Schafgarbe
Verstopfung	Flohsamen, Leinsamen, Faulbaumrinde
Völlegefühl	Mistel, Rosmarin, Schafgarbe, Wegwarte, Wermut
Wadenkrampf	Hauhechel
Warzen	Schöllkraut, Hauswurz
Wechseljahrebeschwerden	Frauenmantel, Herzgespann, Johanniskraut
Wundheilung	Arnika, Hirtentäschel, Kamille, Ziest, Zinnkraut
Würmer	Apfel, Faulbaumrinde, Heidelbeere, Kohl, Ysop
Zahnfleischentzündung	Sanddorn, Kamille, Salbei, Zinnkraut
Zahnschmerzen	Hauhechel, Kalmus, Kamille, Pfefferminze
Zungenbelag	Wermut

Heilkräuter

Die Heilpflanzen wurden schon in frühester Zeit als Heilmittel verwendet, und insbesondere Frauen, die ihre Wirkungen kannten, wurden als Hexen verschrien, weil sie angeblich damit zauberten – denn die Pflanzen enthalten nicht nur heilende, sondern häufig auch giftige Substanzen. Und wer kennt nicht die mystischen Geschichten über bestimmte Pflanzen, die nur nachts bei Vollmond geerntet werden dürfen, während magische Formeln als Beschwörung gemurmelt werden.

Tatsache ist, dass sehr viele Pflanzen eine heilende Wirkung haben. Und wir wissen, dass der Mond die Natur beeinflusst und dass seine Energien auf verschiedene Pflanzenteile wirken.

Dieses Wissen und die jahrhundertealte Erfahrung haben zu zahlreichen Regeln geführt, die uns sagen, wann wir welche Pflanzen sammeln sollten, um in den optimalen Genuss ihrer Wirkung zu kommen. Wir setzen verschiedene Teile der Pflanzen zur Heilung ein, und aufgrund des Wissens über die unterschiedlichen Mondimpulse können wir dies auch sehr gezielt tun. Wenn wir z. B. die Blätter einer Pflanze verwenden wollen, ernten wir sie bei zunehmendem Mond an einem Blatttag (siehe hierzu die Tabelle auf Seite 35), da sich dann die Energien des Mondes auf die Blätter einer Pflanze konzentrieren und damit die Heilkraft in den Blättern besonders intensiv ist.

Die günstigste Tageszeit hängt davon ab, ob die Pflanzenteile Sonnenlicht vertragen – am meisten betrifft dies die Wurzeln, da diese kein Sonnenlicht abbekommen sollen. Man gräbt sie nachts bei Vollmond aus, da sie so vor Sonnenlicht geschützt sind und von den besonders starken Energien des Vollmonds profitieren.

Auch Paracelsus (1493–1541), der berühmteste Arzt und Chemiker des Mittelalters, hatte bereits eine klare Vorstellung davon, bei welcher Mondkonstellation Heilkräuter gepflückt werden müssen, damit sie kräftig und wirksam genug sind.

▶ **Wurzeln sammeln bzw. ernten**
Sehr günstig: Bei Vollmond an einem Steinbock- oder Jungfrautag (vor Sonnenaufgang oder nach Sonnenuntergang)
Günstig: Bei abnehmendem Mond bzw. Neumond an einem Steinbock- oder Jungfrautag
Weniger günstig: Bei zunehmendem Mond (auch in den Nächten weniger günstig)
Ungünstig: Bei zunehmendem Mond an allen Krebstagen

▶ **Blüten sammeln bzw. ernten**
Sehr günstig: Bei zunehmendem Mond am späten Vormittag eines Blütentags (Zwillinge, Waage, Wassermann)
Günstig: Bei Vollmond an einem Blütentag (Zwillinge, Waage, Wassermann)
Weniger günstig: Bei abnehmendem Mond
Ungünstig: Bei abnehmendem Mond an einem Blatttag (Krebs, Skorpion, Fische)

▶ **Blätter sammeln bzw. ernten**
Sehr günstig: Bei zunehmendem Mond an einem Skorpiontag
Günstig: Bei zunehmendem Mond an einem Krebs- oder Fischetag
Weniger günstig: Bei abnehmendem Mond
Ungünstig: Bei abnehmendem Mond an einem Wurzeltag (Stier, Jungfrau, Steinbock)

▶ **Früchte und Samen sammeln bzw. ernten**
Sehr günstig: Bei abnehmendem Mond an Fruchttagen (Widder, Löwe, Schütze), wenn man die Früchte bzw. Samen aufbewahren will

Heil- oder auch Küchenkräuter selbst anzubauen ist kaum mit Aufwand verbunden. Ob am Küchenfenster, auf dem Balkon oder im Garten in einer Kräuterecke bzw. in Gemeinschaft mit anderen Pflanzen – die meisten Kräuter stellen keine besonders hohen Ansprüche.

Günstig: Bei zunehmendem Mond an Fruchttagen (Widder, Löwe, Schütze), wenn man die Früchte bzw. Samen sofort verwenden will
Weniger günstig: Bei Vollmond
Ungünstig: An Steinbock-, Krebs-, Jungfrau- und Fischetagen

> Falls Sie Kräuter sammeln, sollten Sie unbedingt darauf achten, dass die von Ihnen in freier Natur gepflückten Pflanzen möglichst keinen Umweltbelastungen wie beispielsweise Abgasen ausgesetzt waren.

▶ **Heilkräuter trocknen und abfüllen**
Sehr günstig: Bei abnehmendem Mond
Weniger günstig: Bei zunehmendem Mond
Ungünstig: Bei Vollmond

▶ **Brennnesseln (zur Blutreinigung) sammeln**
Sehr günstig: Bei abnehmendem Mond an einem Skorpiontag
Günstig: Bei abnehmendem Mond
Weniger günstig: Bei zunehmendem Mond nicht sehr ergiebig

▶ **Kräutersalben herstellen**
Sehr günstig: Bei aufsteigendem Mond (Schütze, Steinbock, Wassermann, Fische, Widder, Stier)
Günstig: Bei Vollmond
Weniger günstig: An Krebs- und Jungfrautagen

▶ **Kräutersalben abfüllen**
Sehr günstig: Bei abnehmendem Mond
Weniger günstig: Bei zunehmendem Mond

▶ **Kräuterkissen herstellen**
Sehr günstig: Bei abnehmendem Mond an Blütentagen (Zwillinge, Waage, Wassermann)
Günstig: Bei abnehmendem Mond
Weniger günstig: Bei zunehmendem Mond

Körperpflege und Schönheit

Körperpflege ist uns selbstverständlich. Niemand muss uns extra erzählen, dass wir uns täglich waschen, die Zähne putzen und unsere Haare kämmen sollen. Doch zu einem gepflegten Aussehen gehört noch mehr; denn es vermittelt nach außen, dass wir uns in unserem Körper wohl fühlen und ihm mehr als nur das Allernötigste zukommen lassen. Denn – wie wohl jeder weiß – ist die Körperpflege nicht zuletzt auch eine wirksame Methode, der Seele etwas Gutes zu tun.

Ebenfalls nicht zu vernachlässigen sind die »Randgebiete« der Körperpflege – die Hand- und Fußpflege. Schon ein paar Tropfen Babyöl machen trockene und strapazierte Haut wieder geschmeidig; und Ihre Füße werden es Ihnen danken, wenn Sie ihnen nach einem anstrengenden Tag ein wohltuendes Fußbad und vielleicht auch eine Massage gönnen.

Eine alte Regel, die unabhängig von den Mondregeln gilt, lautet übrigens, dass Nägel freitags geschnitten werden sollten, weil sie dann fester werden.

Die abnehmende Phase des Mondes ist auch für die Entfernung von Hornhaut und die Maniküre und Pediküre die günstigste Zeit.

Die Maske ist immer noch eine der wirksamsten Anwendungen, um die Gesichtshaut – je nach Bedarf – zu reinigen oder mit entsprechenden Nährsubstanzen wieder aufzubauen.

Der richtige Zeitpunkt

Jede dieser Aktivitäten ist grundsätzlich jederzeit sinnvoll; oder der Zeitpunkt wird von den Ereignissen bestimmt, wie bei einem erfrischenden Fußbad nach einer langen Bergwanderung. Doch falls Sie ein bestimmtes Ziel verfolgen, dann sollten Sie sich nach dem Mond richten, wenn Sie mit wenig Aufwand eine optimale Wirkung erzielen wollen.

Die hilfreichen Tricks

Das Gleiche gilt für die Schönheitspflege. Dem allgemeinen Schönheitsideal entsprechen nur die wenigsten. Doch jeder Mensch ist schön bzw. kann schön sein, wenn er sich akzeptiert, wie er ist, wenn er seine Bedürfnisse und die seines Körpers befriedigt. Denn wer mit sich selbst in Harmonie lebt, hat eine positive Ausstrahlung, die ihn attraktiv macht.

Dabei spielen eine der eigenen Natur gemäße Lebensweise und eine gesunde, ausgewogene Ernährung eine wichtige Rolle.

Doch es gibt auch jede Menge Tricks, wie wir kleine Schönheitsfehler kaschieren können – z. B. durch eine günstige Frisur oder Schminken. Der Mond vermittelt Ihnen, zu welchem Zeitpunkt welche Behandlung am günstigsten ist.

Wenn Sie beispielsweise einen Kurzhaarschnitt haben und nicht ständig zum Friseur gehen wollen, dann lassen Sie die Haare bei abnehmendem Mond an Löwetagen schneiden. Sie wachsen dann langsamer, dafür umso dichter nach. Streben Sie hingegen eine wallende Mähne an, schneiden Sie bei zunehmendem Mond an einem Löwetag die Spitzen. Die Haare wachsen dann auch dicht, doch wesentlich schneller nach.

Ein Fußbad mit Johanniskraut (vor allem bei abnehmendem Mond angewandt) ist eine bewährte Methode gegen Fußschweiß: 3 Esslöffel Johanniskraut mit 1/4 Liter kochendem Wasser überbrühen, 10 Minuten ziehen lassen, abseihen und ins Badewasser geben.

Der Mond und die Haut

Die Mondphasen haben eine deutliche Wirkung auf die Haut. Bei zunehmendem Mond ist sie gut durchblutet, feucht und aufnahmebereit für Nährstoffe. Die Zeit ist jetzt sehr geeignet für alle Masken, die zum Aufbau der Haut beitragen. Am günstigsten ist dafür der Vollmond. Bei abnehmendem Mond hingegen ist die Haut eher trocken und schlechter durchblutet. Die Haut ist in dieser Phase bedeutend unempfindlicher gegen Schmerzen. Deshalb sind schmerzhafte Behandlungen, wie z. B. das Entfernen von Hautunreinheiten, weniger unangenehm. Entgiftung und Maßnahmen zur Tiefenreinigung der Haut sind nun begünstigt.

▸ **Bäder, anregende**
Sehr günstig: Bei zunehmendem Mond an Lufttagen (Zwillinge, Waage, Wassermann)
Günstig: An Lufttagen (Zwillinge, Waage, Wassermann)
Weniger günstig: Bei abnehmendem Mond an Erdtagen (Stier, Jungfrau, Steinbock)

▸ **Bäder, aphrodisische**
Sehr günstig: Bei Vollmond an den Feuertagen (Widder, Löwe, Schütze)
Günstig: Bei abnehmendem Mond an den Feuertagen (Widder, Löwe, Schütze)
Weniger günstig: Bei zunehmendem Mond an den Wassertagen (Krebs, Skorpion, Fische)

▸ **Bäder, beruhigende**
Sehr günstig: Bei abnehmendem Mond an Wassertagen (Krebs, Skorpion, Fische)
Günstig: An Wassertagen (Krebs, Skorpion, Fische)

Das Vollbad ist immer schon eine besonders wirksame Anwendung in der Körper- und Schönheitspflege. Ob man unter allgemeiner Mattigkeit leidet, einen stressreichen Tag hinter sich hat, deprimiert ist oder eine Erkältung ausheilen muss – ein Bad hilft weiter.

Weniger günstig: Bei zunehmendem Mond an Feuertagen (Widder, Löwe, Schütze)
Ungünstig: Bei Vollmond

▶ Bäder, heilende
Sehr günstig: Bei zunehmendem Mond an Erdtagen
Günstig: An Erdtagen (Stier, Jungfrau, Steinbock)
Weniger günstig: Bei abnehmendem Mond

▶ Fuß- und Nagelpflege
Sehr günstig: An Steinbocktagen
Günstig: Bei abnehmendem Mond
Weniger günstig: Bei zunehmendem Mond
Ungünstig: An Fischetagen; vor allem das Schneiden

▶ Haare schneiden (für dichteren Wuchs)
Sehr günstig: Bei abnehmendem Mond an Löwetagen
Günstig: Bei abnehmendem Mond an Jungfrautagen
Weniger günstig: An Krebs- oder Fischetagen
Ungünstig: Bei zunehmendem Mond an Krebs- oder Fischetagen

▶ Haare schneiden (für schnelleren Wuchs)
Sehr günstig: Bei zunehmendem Mond an Löwetagen
Günstig: Bei zunehmendem Mond an Jungfrautagen
Weniger günstig: An Krebs- und Fischetagen
Ungünstig: Bei abnehmendem Mond an Krebs- und Fischetagen

▶ Haare waschen
Sehr günstig: An Lufttagen (Zwillinge, Waage, Wassermann)
Günstig: An Feuertagen (Widder, Löwe, Schütze)
Ungünstig: An Krebs- und Fischetagen

> Für das Legen einer Dauerwelle ist ein Jungfrautag der günstigste Termin, weil die Locken dann besonders gut halten. Wenn der Mond aber im Löwen steht, kann das Legen einer Dauerwelle leicht misslingen.

▸ **Haare tönen bzw. färben**
Sehr günstig: Bei zunehmendem Mond an Zwillinge- oder Waagetagen
Günstig: An Wassermanntagen
Ungünstig: Bei abnehmendem Mond

▸ **Hand- und Nagelpflege**
Sehr günstig: An Steinbocktagen
Günstig: Bei abnehmendem Mond
Weniger günstig: Bei zunehmendem Mond
Ungünstig: An Zwillingetagen

▸ **Haut, Tiefenreinigung der**
Sehr günstig: Bei abnehmendem Mond, mit Ausnahme der Steinbocktage
Weniger günstig: Bei zunehmendem Mond
Ungünstig: Bei zunehmendem Mond an einem Steinbocktag

Diese Gesichtsmaske reinigt besonders tief: Die aus 30 Gramm weißer Tonerde und Kamillentee angerührte, cremige Masse dünn auftragen, maximal 10 Minuten einwirken lassen und dann gründlich mit lauwarmem Wasser abspülen. Danach die Haut gut eincremen!

Ein gepflegtes Äußeres trägt ganz wesentlich zum Selbstbewusstsein bei. Der Haarschnitt ist da nicht zu unterschätzen!

▸ **Hautpflege, aufbauende, ernährende**
Sehr günstig: Bei zunehmendem Mond an einem Steinbocktag
Günstig: Bei zunehmendem Mond
Weniger günstig: Bei abnehmendem Mond

▸ **Körperhaare entfernen**
Sehr günstig: Bei abnehmendem Mond im Steinbock
Günstig: Bei abnehmendem Mond
Weniger günstig: Bei zunehmendem Mond nicht zu empfehlen

▸ **Kräutersalben für die Kosmetik herstellen**
Sehr günstig: Bei aufsteigendem Mond (Schütze, Steinbock, Wassermann, Fische, Widder, Stier)
Günstig: Bei Vollmond
Weniger günstig: An Krebs- und Jungfrautagen

▸ **Maske, straffende (für das Gesicht)**
Sehr günstig: Bei zunehmendem Mond im Steinbock
Günstig: Bei zunehmendem Mond
Weniger günstig: Bei abnehmendem Mond

▸ **Nägel (eingewachsene) korrigieren**
Sehr günstig: Bei zunehmendem Mond an einem Steinbocktag
Günstig: Bei zunehmendem Mond
Weniger günstig: Bei abnehmendem Mond

▸ **Saunabad**
Sehr günstig: Bei abnehmendem Mond in einem Feuerzeichen (Widder, Löwe, Schütze) äußerst erholsam
Günstig: Bei abnehmendem Mond
Weniger günstig: Bei Vollmond

Bei abnehmendem Mond ist die Haut trockener, weniger durchblutet und somit schmerzunempfindlicher. Daher ist diese Zeit günstig für eher schmerzhafte Maßnahmen wie z. B. die Entfernung von Körperhaaren. Außerdem wachsen Haare während dieser Phase langsamer, so dass die Wirkung länger vorhält.

 *Haushalt*

Wir brauchen nur den Fernseher einzuschalten, und schon haben wir sie in unserem Wohnzimmer – die adretten Hausfrauen, die mit verzweifeltem Gesicht vor Bergen von schmutzigem Geschirr stehen oder vor schmierigen Kacheln kapitulieren. Doch dann kommt ihnen wie von Zauberhand ein wunderbares Mittel zu, das alle ihre Probleme löst. Werbung gehört zu unserem Alltag, aber was uns damit vermittelt wird, sollte nicht unbedingt zur Grundlage für unsere Haushaltsführung werden. Es ist nicht nötig, immer neue Mittel auszuprobieren, die schneller, besser und sauberer putzen und waschen. Denn es gibt eine einfache Methode, wie man sich manche Hausarbeit erleichtern kann: Wenn Sie sich nach dem Mond richten, werden Sie feststellen, dass Sie auch ohne scharfe Mittel und ohne viel Geschrubbe zurechtkommen können. Manche dieser Tipps erscheinen Ihnen vielleicht schwer nachvollziehbar. Doch sie basieren auf jahrhundertelanger Erfahrung und haben sich vielfach bewährt.

Eine wirkliche Wunderwaffe ist Essig. Als natürliches und vielfach bewährtes Mittel im Haushalt ist er heute leider fast vergessen. Ob z. B. für die Entfernung von Kalkrückständen an sanitären Anlagen oder gegen das rasche Ausbleichen von Textilfarben im letzten Spülwasser – Essig tut immer seine Wirkung.

Waschen und putzen

Grundregel ist, dass sich fast alle Hausarbeiten leichter und erfolgreicher bei abnehmendem Mond erledigen lassen, denn sie haben meistens mit Reinigen, also mit dem Entziehen von Schmutz, zu tun. Die Wirkung ist meist nicht von heute auf morgen bemerkbar. Aber wenn Sie sich längere Zeit am Mond orientieren, stellen Sie Änderungen fest.

So sollte man möglichst bei abnehmendem Mond an einem Wassertag waschen. Die Wäsche wird leichter sauber. Zumindest bei stark verschmutzter Wäsche sollten Sie diese Regel beherzigen. Auch beim Fensterputzen hat man manchmal das Gefühl, man müsse nur kurz wischen, und schon seien die Fenster strahlend sauber. An anderen Tagen kann man machen, was man will, die Schlieren gehen einfach nicht weg. Bei abnehmendem Mond an einem Luft- oder Feuertag werden Sie mit Sicherheit Erfolg haben.

Dasselbe gilt auch für die Reinigung von Fernseh- und Computerbildschirmen.

Konservieren und einlagern

Konservieren und Einlagern von Lebensmitteln geschieht am besten bei aufsteigendem Mond. Diese Aktivität ist zwar auch von der Mondphase beeinflusst, mehr aber noch von dem Tierkreiszeichen, das der Mond gerade durchwandert. In engem Zusammenhang damit stehen die Erntetermine.

Nicht begünstigt für das Ernten, Lagern und Konservieren sind Jungfrau- und Krebstage. Egal, was Sie einkochen wollen, diese Tage sind möglichst zu meiden, denn das Gemüse oder die Früchte schimmeln leicht. Auch Fischetage sind nicht besonders günstig, trotz des aufsteigenden Mondes. An diesen Tagen eingekochtes Obst und Gemüse wird leicht faulig.

Lüften

Schließlich noch ein Wort zum Lüften von Wohnung und Betten. Am besten ist es, einmal am Tag für ein paar Minuten alle Fenster und Türen zu öffnen. Ausgiebig sollte man aber nur an Luft- und Feuertagen lüften.

Die Betten (und Matratzen) können und sollen natürlich auch jederzeit gelüftet werden, doch ausgiebig nur bei abnehmendem Mond in einem Luft- oder Feuerzeichen. Bei zunehmendem Mond oder gar an einem Wassertag ziehen sie die Feuchtigkeit an.

> **Für das Einmachen und Abfüllen sind die Tage des aufsteigenden Mondes (Schütze, Steinbock, Wassermann, Fische, Widder, Stier) ideal – ob zum Herstellen von Marmelade oder zum Abfüllen von Saucen.**

▸ **Betten auslüften**
Sehr günstig: Bei abnehmendem Mond an allen Lufttagen (Zwillinge, Waage, Wassermann) und ebenso an den Feuertagen (Widder, Löwe, Schütze) ganz besonders zu empfehlen
Weniger günstig: Bei zunehmendem Mond an Skorpion- und Fischetagen
Ungünstig: Bei zunehmendem Mond an allen Krebstagen

▸ **Butter zubereiten**
Sehr günstig: An Feuertagen (Widder, Löwe, Schütze)
Günstig: An Lufttagen (Zwillinge, Waage, Wassermann)
Weniger günstig: An Erdtagen (Stier, Jungfrau, Steinbock)
Ungünstig: An Wassertagen (Krebs, Skorpion, Fische) nicht zu empfehlen

Butter zuzubereiten, wenn der Mond im Tierkreiszeichen Krebs, Skorpion oder Fische steht, gilt deshalb als ungünstig, weil die Milch an diesen Tagen zu wässrig ist.

▸ **Chemische Reinigung**
Sehr günstig: Bei abnehmendem Mond, aber nicht an einem Steinbocktag
Weniger günstig: Bei zunehmendem Mond
Ungünstig: Bei zunehmendem Mond an einem Steinbocktag

▸ **Einkochen von Früchten**
Sehr günstig: Bei zunehmendem Mond an einem Fruchttag (Widder, Löwe, Schütze) äußerst ergiebig
Günstig: An einem Fruchttag (Widder, Löwe, Schütze)
Weniger günstig: Bei abnehmendem Mond an Wurzel- und Blütentagen (Stier, Jungfrau, Steinbock, Zwillinge, Waage, Wassermann)
Ungünstig: Bei abnehmendem Mond an einem Blatttag (Krebs, Skorpion, Fische)

▶ Einkochen von Wurzelgemüse

Sehr günstig: Bei abnehmendem Mond an einem Stier- oder Steinbocktag äußerst empfehlenswert
Günstig: An einem Wurzeltag (z. B. Stier, Steinbock), aber nie an einem Jungfrautag
Weniger günstig: Bei zunehmendem Mond
Ungünstig: Bei zunehmendem Mond an einem Krebs-, Fische- oder Jungfrautag

▶ Einfrieren von Obst, Fruchtpflanzen

Sehr günstig: An einem Fruchttag (Widder, Löwe, Schütze)
Weniger günstig: An einem Skorpion- oder Fischetag
Ungünstig: An einem Krebs- oder Jungfrautag nicht zu empfehlen

▶ Fenster putzen

Sehr günstig: Bei abnehmendem Mond an einem Luft- oder Feuertag (Zwillinge, Waage, Wassermann, Widder, Löwe, Schütze)
Günstig: Bei abnehmendem Mond
Weniger günstig: Bei zunehmendem Mond
Ungünstig: Bei zunehmendem Mond an einem Wassertag (Krebs, Skorpion, Fische)

▶ Fensterrahmen reinigen

Sehr günstig: Bei abnehmendem Mond an einem Wassertag (Krebs, Skorpion, Fische)
Ungünstig: Bei zunehmendem Mond an einem Feuertag (Widder, Löwe, Schütze)

▶ Flecken entfernen

Sehr günstig: Bei abnehmendem Mond an einem Wassertag (Krebs, Skorpion, Fische)

Erfahrungsgemäß lassen sich auch üble Flecken, wie z. B. von Schmieröl oder Fett, leichter entfernen, wenn man sie bei abnehmendem Mond mit Schmalz vorbehandelt und anschließend ganz normal wäscht.

Günstig: Bei abnehmendem Mond
Weniger günstig: Bei zunehmendem Mond nicht sehr erfolgreich

▶ Garderobe einlagern
Sehr günstig: Bei abnehmendem Mond an Lufttagen (Zwillinge, Waage, Wassermann)
Günstig: Bei abnehmendem Mond
Weniger günstig: Bei zunehmendem Mond
Ungünstig: Bei zunehmendem Mond an Wassertagen (Krebs, Skorpion, Fische)

▶ Glasreinigung
Sehr günstig: Bei abnehmendem Mond an Lufttagen (Zwillinge, Waage, Wassermann)
Günstig: Bei abnehmendem Mond
Weniger günstig: Bei zunehmendem Mond
Ungünstig: Bei zunehmendem Mond an einem Wassertag (Krebs, Skorpion, Fische)

▶ Großer Hausputz
Sehr günstig: Bei abnehmendem Mond an Wassermanntagen
Günstig: Bei abnehmendem Mond an Zwillinge- und Waagetagen
Weniger günstig: Bei zunehmendem Mond
Ungünstig: Bei zunehmendem Mond an Erdtagen (Stier, Jungfrau, Steinbock)

▶ Heizen, erstes (im Herbst)
Sehr günstig: Bei abnehmendem Mond an einem Feuertag (Widder, Löwe, Schütze)
Ungünstig: Bei zunehmendem Mond in einem Erdzeichen (Stier, Jungfrau, Steinbock)

> Für die Glasreinigung (und auch zum Fensterputzen) genügt mit einem Schuss Spiritus versetztes Wasser, um streifenfreie Flächen zu bekommen – ohne dass man großartig reiben und polieren muss.

Sollte es sich einmal ergeben, dass Sie Ihren Holzfußboden wischen müssen, wenn der Mond gerade zunimmt, dann achten Sie möglichst darauf, dass der Mond wenigstens in einem Luftzeichen steht.

▶ **Holz- und Parkettböden feucht reinigen**
Sehr günstig: Bei abnehmendem Mond an Luft- und Feuertagen (Zwillinge, Waage, Wassermann, Widder, Löwe, Schütze)
Günstig: Bei abnehmendem Mond, aber nicht an Wassertagen (Krebs, Skorpion, Fische)
Weniger günstig: Bei zunehmendem Mond, aber auch bei abnehmendem Mond an Wassertagen
Ungünstig: Bei zunehmendem Mond an einem Wassertag (Krebs, Skorpion, Fische)

▶ **Kellerräume lüften**
Sehr günstig: Bei abnehmendem Mond (kurz vor Neumond) an einem Luft- oder Feuertag (Zwillinge, Waage, Wassermann, Widder, Löwe, Schütze)
Günstig: Bei abnehmendem Mond, kurz vor Neumond
Weniger günstig: Bei zunehmendem Mond an Wassertagen (Krebs, Skorpion, Fische)
Ungünstig: Bei zunehmendem Mond (kurz vor Vollmond) an Wassertagen (Krebs, Skorpion, Fische)

▶ **Lüften von Wohnräumen und Kleiderschränken**
Sehr günstig: Bei abnehmendem Mond an Luft- und Feuertagen (Zwillinge, Waage, Wassermann, Widder, Löwe, Schütze)
Weniger günstig: Bei zunehmendem Mond an Erdtagen (Stier, Jungfrau, Steinbock). An diesen Tagen nicht zu lange lüften!
Ungünstig: Bei zunehmendem Mond an Wassertagen. An diesen Tagen nur kurz lüften!

▶ **Streich- und Lackierarbeiten**
Sehr günstig: Bei abnehmendem Mond an Lufttagen (Zwillinge, Waage, Wassermann)

Günstig: Bei abnehmendem Mond an Erdtagen (Stier, Jungfrau, Steinbock)
Weniger günstig: An Wasser- und Feuertagen (vor allem Löwe)
Ungünstig: Bei zunehmendem Mond an einem Wassertag (Krebs, Skorpion, Fische)

▶ Metalle (Kupfer, Messing, Silber) reinigen

Sehr günstig: Bei abnehmendem Mond an Lufttagen (Zwillinge, Waage, Wassermann) höchst erfolgversprechend
Günstig: Bei abnehmendem Mond
Weniger günstig: Bei zunehmendem Mond
Ungünstig: Bei zunehmendem Mond an einem Wassertag (Krebs, Skorpion, Fische)

▶ Porzellanreinigung

Sehr günstig: Bei abnehmendem Mond in einem Feuerzeichen (Widder, Löwe, Schütze)
Günstig: Bei abnehmendem Mond

Streich- und Lackierarbeiten sowie die Reinigung von Metall und Porzellan sind typische Tätigkeiten, die auch im Rahmen eines Umzugs anfallen. Ein geradezu idealer Termin, um eine neue Wohnung zu beziehen, ist übrigens ein Neumondtag.

Schönes und auf Hochglanz poliertes Geschirr ist der strahlende Mittelpunkt eines gepflegten Haushalts.

Weniger günstig: Bei zunehmendem Mond
Ungünstig: Bei zunehmendem Mond an einem Wassertag (Krebs, Skorpion, Fische)

> Weißkohl, aus dem Sauerkraut hergestellt wird, ist wie Kopfsalat eine Ausnahmeerscheinung unter den Blattpflanzen: Idealerweise wird er nämlich nicht bei zunehmendem, sondern bei abnehmendem Mond in einem Wasserzeichen (Krebs, Skorpion, Fische) gesät.

▶ **Sauerkraut hobeln, einlegen**
Sehr günstig: Bei abnehmendem Mond im Steinbock
Günstig: Bei aufsteigendem Mond (Schütze, Steinbock, Wassermann, Fische, Widder, Stier)
Weniger günstig: Bei zunehmendem Mond
Ungünstig: Bei absteigendem Mond (Zwillinge, Krebs, Löwe, Jungfrau, Waage, Skorpion)

▶ **Schimmel und Feuchtigkeit beseitigen**
Sehr günstig: Bei abnehmendem Mond an Lufttagen (Zwillinge, Waage, Wassermann) und an Widdertagen
Günstig: Bei abnehmendem Mond, aber nicht an Wassertagen (Krebs, Skorpion, Fische)
Weniger günstig: Bei zunehmendem Mond, aber auch bei abnehmendem Mond an Wassertagen
Ungünstig: Bei zunehmendem Mond an Wassertagen (Krebs, Skorpion, Fische) nicht zu empfehlen

▶ **Schuhe putzen**
Sehr günstig: Bei abnehmendem Mond an Lufttagen (Zwillinge, Waage, Wassermann)
Günstig: Bei abnehmendem Mond
Weniger günstig: Bei zunehmendem Mond
Ungünstig: Bei zunehmendem Mond an Wassertagen (Krebs, Skorpion, Fische)

▶ **Speisekammer reinigen**
Sehr günstig: Bei abnehmendem Mond (kurz vor Neumond) an einem Luft- oder Feuertag (Zwillinge, Waage, Wassermann, Widder, Löwe, Schütze)

Günstig: Bei abnehmendem Mond, kurz vor Neumond
Weniger günstig: Bei zunehmendem Mond an Wassertagen (Krebs, Skorpion, Fische) kaum erfolgversprechend
Ungünstig: Bei zunehmendem Mond (kurz vor Vollmond) an Wassertagen (Krebs, Skorpion, Fische) nicht zu empfehlen

▶ **Staub wischen**
Sehr günstig: Bei abnehmendem Mond an Erdtagen (Stier, Jungfrau, Steinbock)
Günstig: Bei abnehmendem Mond
Weniger günstig: Bei zunehmendem Mond
Ungünstig: Bei zunehmendem Mond an Lufttagen (Zwillinge, Waage, Wassermann) nicht erfolgreich

▶ **Steinguttöpfe reinigen**
Sehr günstig: Bei abnehmendem Mond an einem Lufttag (Zwillinge, Waage, Wassermann)
Günstig: Bei abnehmendem Mond
Weniger günstig: Bei zunehmendem Mond
Ungünstig: Bei zunehmendem Mond an Wassertagen (Krebs, Skorpion, Fische)

▶ **Vorräte einlagern, allgemein**
Sehr günstig: Bei abnehmendem Mond an einem Feuertag (Widder, Löwe, Schütze)
Günstig: Bei abnehmendem Mond, aber nicht in Krebs, Skorpion, Fische und Jungfrau
Weniger günstig: Bei zunehmendem Mond, aber auch bei abnehmendem Mond in Krebs, Skorpion, Fische und Jungfrau
Ungünstig: Bei zunehmendem Mond in den Zeichen Krebs, Skorpion, Fische und Jungfrau nicht erfolgversprechend

Viele backen ihr Brot selbst und legen auch immer gleich einen größeren Vorrat an. Man sollte aber beachten, dass bei Neumond das Brotbacken grundsätzlich ungünstig ist, da erfahrungsgemäß zu diesem Zeitpunkt der Teig nicht richtig aufgeht.

▶ **Wäsche waschen**
Sehr günstig: Bei abnehmendem Mond an einem Wassertag (Krebs, Skorpion, Fische)
Günstig: Bei abnehmendem Mond, aber nicht an einem Feuertag (Widder, Löwe, Schütze)
Weniger günstig: Bei zunehmendem Mond kaum erfolgversprechend

▶ **Zimmer- und Balkonpflanzen pflanzen, umtopfen**
Sehr günstig: Bei zunehmendem Mond an den Jungfrautagen
Weniger günstig: Bei abnehmendem Mond an Feuertagen (Widder, Löwe, Schütze)
Ungünstig: Bei Neumond

▶ **Zimmer- und Balkonpflanzen gießen**
Sehr günstig: Bei abnehmendem Mond an Wassertagen (Krebs, Skorpion, Fische)
Günstig: An Wassertagen (Krebs, Skorpion, Fische)
Weniger günstig: Bei zunehmendem Mond weniger zu empfehlen
Ungünstig: An Lufttagen (Zwillinge, Waage, Wassermann)

▶ **Zimmer- und Balkonpflanzen düngen**
Sehr günstig: Bei Vollmond an Blatttagen (Krebs, Skorpion, Fische)
Günstig: Bei abnehmendem Mond an Blütentagen (Zwillinge, Waage, Wassermann) bzw. Wurzeltagen (Stier, Jungfrau, Steinbock)
Weniger günstig: Bei zunehmendem Mond nicht zu empfehlen
Ungünstig: Bei zunehmendem Mond an Fruchttagen (Widder, Löwe, Schütze)

> Falls möglich, sollten Zimmer- und Gartenpflanzen nur an Wassertagen gegossen werden. Da wird das Wasser nämlich bedeutend besser aufgenommen; die Pflanzen können es besonders gut speichern und brauchen bis zum nächsten Gießtag keine weitere Feuchtigkeit mehr.

Bauen und Heimwerken

Bauarbeiten am Haus, im Garten und in der Wohnung werden heute meistens von Handwerkern erledigt, nach deren Terminen man sich richten muss. Auch wenn die Arbeiten im Rahmen eines Hausbaus oder einer größeren Renovierung stattfinden, sind die äußeren Umstände maßgeblich. Doch wenn Sie die Möglichkeit haben, die Termine zu bestimmen, sollten Sie sich die folgenden Regeln zu Herzen nehmen.

Bei Malerarbeiten können Sie z. B. mit der Wahl des richtigen Termins auf hochgiftige Farben und Lacke leicht verzichten. Ungiftige Farben scheinen manchmal eine schlechtere Qualität zu haben, doch wenn sie zum richtigen Zeitpunkt verarbeitet werden, sind sie den anderen Produkten durchaus gleichwertig. Für solche Arbeiten ist der abnehmende Mond am besten geeignet, weil Farben dann gut trocknen und sich gut mit dem Untergrund verbinden. Wassertage sind aber nicht so günstig, da die Farbe dann zu langsam trocknet.

Generell lässt sich sagen, dass fast alle Reparatur- und Heimwerkerarbeiten am besten bei abnehmendem Mond durchgeführt werden sollten.

Das gilt auch für alle Erdarbeiten, da in dieser Mondphase das Wasser und damit die Bodenfeuchtigkeit nach unten gezogen wird und deshalb Baugruben nicht so rasch voll laufen. Dies sollte insbesondere beim Aushub für Fundamente und Keller berücksichtigt werden, wenn man für die Zukunft feuchte Wände und nasse, muffige Kellerräume vermeiden möchte.

Auch Dacharbeiten führt man besser bei abnehmendem Mond durch, vermeidet neben Wassertagen aber auch Feuertage, weil sonst der Dachbelag zu stark austrocknet und später reißen kann.

Für den Heimwerker, der zugleich auch Gartenfreund ist, bietet sich die Zeit, wenn die Flora ihren Winterschlaf hält, bestens an, endlich einmal alle Gartengeräte richtig zu reinigen und nötigenfalls wieder instandzusetzen.

Wenn Sie Ihr Bauholz selbst fällen oder die Möglichkeit haben, sich beim Händler über die Herkunft des für Ihre Zwecke geeigneten Holzes genau zu informieren, sollten Sie nach Möglichkeit das Regelwerk für die geeigneten Einschlagtermine (siehe Seite 96 ff.) berücksichtigen.

▸ Beton und Estrich gießen

Sehr günstig: Bei abnehmendem Mond in den Erdzeichen (Stier, Jungfrau, Steinbock)

Das Material trocknet gleichmäßig und verbindet sich gut mit dem Untergrund. Die Rissbildung ist daher sehr gering.

Günstig: Bei abnehmendem Mond, aber nicht an Löwetagen

Weniger günstig: Bei zunehmendem Mond und bei abnehmendem Mond an Löwetagen

Ungünstig: Bei Vollmond, besonders Vollmond im Löwen

An Löwetagen trocknet der Beton zu rasch – starke Rissbildung ist die Folge. Bei Vollmond keine gute Verbindung zum Untergrund und zu anderen Flächen.

▸ Dachstühle fertigen und aufrichten

Sehr günstig: Bei abnehmendem Mond an einem Steinbocktag kann man diese Arbeit am erfolgreichsten verrichten.

Beim Hausbau oder bei der Wohnungsrenovierung selbst mitanzupacken macht Freude und spart Kosten. Der Mond hilft dabei.

Das Holz arbeitet nicht so stark; der Dachstuhl bleibt »ruhig«.
Günstig: Bei abnehmendem Mond, aber nicht in Löwe, Schütze oder Krebs
Weniger günstig: Bei zunehmendem Mond, aber auch abnehmendem Mond in Löwe, Schütze oder Krebs
Ungünstig: Bei zunehmendem Mond in Löwe, Schütze oder Krebs sowie bei Vollmond ist von dieser Arbeit ganz abzuraten.
Das Holz reißt leichter, arbeitet stärker und kann sich verziehen.

▶ Dach eindecken (Ziegel)
Sehr günstig: Bei abnehmendem Mond an einem Steinbocktag
Günstig: Bei abnehmendem Mond
Weniger günstig: Bei zunehmendem Mond
Ungünstig: Bei zunehmendem Mond an Wassertagen (Krebs, Skorpion, Fische)

▶ Dach eindecken (Stroh, Schindeln)
Sehr günstig: Bei abnehmendem Mond in Zwillinge, Waage, Wassermann
Weniger günstig: Bei zunehmendem Mond
Ungünstig: Bei zunehmendem Mond an Feuertagen (Widder, Löwe, Schütze)

▶ Dachrinnen reinigen
Sehr günstig: Bei abnehmendem Mond
Weniger günstig: Bei zunehmendem Mond

▶ Dach (Ziegel) ausbessern
Sehr günstig: Bei abnehmendem Mond, aber nicht an einem Krebstag

Dachdeckerarbeiten erfordern in aller Regel besonders viel Körperkraft. Deshalb sollte man solche Tätigkeiten bei abnehmendem Mond ausführen, da man dann zu mehr Leistung als in anderen Mondphasen fähig ist. Die Nachmittagsstunden zwischen 14 und 18.30 Uhr sind da am günstigsten.

Weniger günstig: Bei zunehmendem Mond
Ungünstig: Bei zunehmendem Mond im Krebs

▶ Dach (Ziegel) reinigen
Sehr günstig: Bei abnehmendem Mond an einem Steinbocktag
Günstig: Bei abnehmendem Mond
Weniger günstig: Bei abnehmendem Mond im Krebs
Ungünstig: Bei zunehmendem Mond im Krebs

▶ Drainage (Wasserableitung)
Sehr günstig: Bei zunehmendem Mond an Wassertagen (Krebs, Skorpion, Fische)
Weniger günstig: Bei zunehmendem Mond, wenn der Mond nicht in einem Wasserzeichen steht
Ungünstig: Bei abnehmendem Mond
Das Wasser zieht in die Erde ein und meidet die vorgesehene Ableitung, die rasch versanden kann.

▶ Erdaushub (z. B. für Fundament)
Sehr günstig: Bei abnehmendem Mond, aber nicht an Wassertagen (Krebs, Skorpion, Fische)
Baugrube bleibt trocken; nach stärkeren Regenfällen wird sie schneller wieder trocken.
Günstig: Bei abnehmendem Mond
Weniger günstig: Bei zunehmendem Mond
Ungünstig: Bei zunehmendem Mond an Wassertagen (Krebs, Skorpion, Fische)
Grundwasser strömt leicht in die Baugrube und kann später ins Fundament eindringen.

▶ Erdaushub mit sofortiger Drainage
Sehr günstig: Bei zunehmendem Mond an Wassertagen (Krebs, Skorpion, Fische)

Früher war die Auffassung, dass der Erdaushub für ein Fundament an Waagetagen bei abnehmendem Mond am erfolgreichsten ausgeführt werden könne, weit verbreitet. Deshalb galt ein Waagetag als klassischer Termin, um mit dem Hausbau zu beginnen.

Wassersituation wird erkennbar; Ableitungsmaßnahmen können ausreichend ausgelegt werden.
Weniger günstig: Bei zunehmendem Mond, wenn der Mond nicht in einem Wasserzeichen (Krebs, Skorpion, Fische) steht
Ungünstig: Bei abnehmendem Mond nicht erfolgversprechend

▸ Fenster verglasen und einsetzen

Sehr günstig: An Wassermann- und Zwillingetagen
Die Scheiben bleiben klar.
Günstig: Bei abnehmendem Mond, aber nicht an Wassertagen (Krebs, Skorpion, Fische)
Weniger günstig: Bei abnehmendem Mond an Wassertagen (Krebs, Skorpion, Fische)
Ungünstig: Bei zunehmendem Mond an Wassertagen (Krebs, Skorpion, Fische) und bei Vollmond

▸ Fußbodenbeläge verlegen

Günstig: Bei abnehmendem Mond
Die Beläge liegen glatt und fest auf dem Untergrund – kein Wölben bei schwankender Luftfeuchtigkeit. Der Kleber hält besser.
Weniger günstig: Bei zunehmendem Mond
Ungünstig: Bei Vollmond
Die Beläge wölben sich leichter, bilden Falten. Der Kleber hält nicht gut.

▸ Hausfassade (Putz) tünchen

Sehr günstig: Bei abnehmendem Mond an einem Luft- oder Feuertag (Zwillinge, Waage, Wassermann, Widder, Löwe, Schütze)
Günstig: Bei abnehmendem Mond an einem Erdtag (Stier, Jungfrau, Steinbock)

Fenster zu verglasen und einzusetzen verursacht eine Menge Schmutz. Die nötigen Reinigungsarbeiten sollten Sie bei abnehmendem Mond anschließen: Die Scheiben reingen Sie vorzugsweise an einem Luft- oder Feuertag, die Rahmen aber an einem Wassertag.

Weniger günstig: Bei zunehmendem Mond, aber auch bei abnehmendem Mond an einem Wassertag (Krebs, Skorpion, Fische)
Ungünstig: Bei zunehmendem Mond in einem Wasserzeichen (Krebs, Skorpion, Fische) nicht erfolgversprechend

▸ Holzdielen und -decken verlegen

Sehr günstig: Bei abnehmendem Mond an einem Steinbocktag
Fester Sitz und geringe Fäulnisgefahr!
Günstig: Bei abnehmendem Mond, aber nicht an Löwe-, Schütze- oder Krebstagen
Weniger günstig: Bei zunehmendem Mond, aber auch bei abnehmendem Mond an Löwe-, Schütze- oder Krebstagen
Ungünstig: Bei zunehmendem Mond in Löwe, Schütze und Krebs sowie bei Vollmond
Das Holz arbeitet, die Böden knarren und werden bald morsch.

▸ Holztreppen anfertigen und einbauen

Sehr günstig: Bei abnehmendem Mond an einem Steinbocktag
Das Holz arbeitet nicht so stark; die Treppe verzieht sich nicht.
Günstig: Bei abnehmendem Mond, aber nicht in Löwe, Schütze oder Krebs
Weniger günstig: Bei zunehmendem Mond, aber auch bei abnehmendem Mond in Löwe, Schütze oder Krebs
Ungünstig: Bei zunehmendem Mond in Löwe, Schütze und Krebs sowie bei Vollmond
Das Holz reißt leichter, arbeitet stärker und kann sich verziehen.

Der günstigste Zeitpunkt, um Dielenholz einzuschlagen, ist ein Stiertag kurz nach Vollmond. In der dann bereits gegebenen Phase des abnehmenden Mondes kann man das Holz auch gleich erfolgreich verlegen (außer eben an Krebs-, Löwe- und Schützetagen).

▸ Installation von Wasser- und Heizanlagen
Sehr günstig: Bei zunehmendem Mond an Wassertagen (Krebs, Skorpion, Fische) am erfolgreichsten
Günstig: An Wassertagen (Krebs, Skorpion, Fische)
Weniger günstig: Bei abnehmendem Mond an Erdtagen (Stier, Jungfrau, Steinbock)
Ungünstig: Bei abnehmendem Mond an Luft- und Feuertagen (Zwillinge, Waage, Wassermann, Widder, Löwe, Schütze)

▸ Malerarbeiten, allgemein
Sehr günstig: Bei abnehmendem Mond an Luft- (Zwillinge, Waage, Wassermann) und Feuertagen (aber nicht an Löwetagen!) zu empfehlen
Leichtes Auftragen, saubere Übergänge, geringer Materialverbrauch, lange Haltbarkeit sind gegeben.
Günstig: Bei abnehmendem Mond an Erdtagen (Stier, Jungfrau, Steinbock)
Weniger günstig: Bei zunehmendem Mond, aber auch bei abnehmendem Mond an Krebs- und Löwetagen nicht zu empfehlen
Ungünstig: Bei zunehmendem Mond an Krebs- oder Löwetagen
Geringe Saugfähigkeit des Untergrunds, Streifenbildung, verstärkte Gesundheitsgefährdung durch Lösungsmitteldämpfe treten auf.

▸ Putzmörtel aufbringen bzw. ausbessern
Sehr günstig: Bei abnehmendem Mond, mit Ausnahme der Wassertage (Krebs, Skorpion, Fische)
Der Putz haftet gut und dauerhaft. Neuer Putz fügt sich besser an vorhandenen an.
Günstig: Bei abnehmendem Mond an einem Skorpion- oder Fischetag

Für Malerarbeiten gilt grundsätzlich Folgendes: Farben, die bei abnehmendem Mond an Löwetagen aufgetragen werden, trocknen zu schnell; werden sie während dieser eigentlich günstigen Phase an Wassertagen verarbeitet, trocknen sie zu langsam.

Weniger günstig: Bei zunehmendem Mond, aber auch abnehmendem Mond im Krebs sowie bei Vollmond
Ungünstig: Bei zunehmendem Mond an Krebs- und Löwetagen; ganz besonders bei Vollmond in Krebs bzw. Löwe
Der an diesen Tagen aufgebrachte oder ausgebesserte Putz haftet schlecht und trocknet zu langsam (Krebs) bzw. bildet Risse (Löwe).

> **Diese Wasserbaumaßnahmen können beispielsweise eine Uferbefestigung oder Erweiterung des Gartenteichs, Kanalisierungsarbeiten oder die Reparatur von Brunnenleitungen sein.**

▶ Wassersuche und Wasserbau

Sehr günstig: Bei zunehmendem Mond an allen Fischetagen
Günstig: Bei zunehmendem Mond an einem Krebs- oder Skorpiontag
Weniger günstig: Bei zunehmendem Mond in einem Luft-, Feuer- oder Erdzeichen
Ungünstig: Bei abnehmendem Mond nicht erfolgversprechend

▶ Wege- und Straßenbau

Sehr günstig: Bei Neumond im Steinbock und abnehmendem Mond im Steinbock
Platten liegen fest, Pfosten halten besser, Nägel bleiben im Holz.
Günstig: Bei Neumond bzw. abnehmendem Mond, aber nicht an Krebs- und Schützetagen
Weniger günstig: Bei zunehmendem Mond, aber auch bei abnehmendem Mond in Krebs und Schütze weniger zu empfehlen
Ungünstig: Bei zunehmendem Mond an Krebs- und Schützetagen sowie bei Vollmond
An diesen Tagen verlegte Platten lockern sich leicht und brechen oft; die Pfosten sind nicht fest genug und faulen erfahrungsgemäß schneller.

Garten

Jeder Gartenbesitzer weiß, wie entspannend und befriedigend es ist, seinen Nachmittagskaffee gemütlich zwischen blühenden Sträuchern und Blumen einzunehmen, oder wie viel köstlicher selbst gezogenes Obst und Gemüse schmeckt. Doch er weiß auch, welche Arbeit hinter all diesem Genuss steckt und wie niederschmetternd es ist, wenn der liebevoll gesäte Rasen alles andere als dicht wächst oder wenn die gehegten und gepflegten Tomatenpflanzen nur ein paar kümmerliche Früchte hergeben.

Umsicht und Sorgfalt

Es gibt heute für alle Arbeiten und Probleme jede Menge Gerätschaften und Mittel, die teilweise sehr nützlich sind und die Arbeit durchaus erleichtern können. Doch gerade was Düngemittel, Pflanzenschutz und Schädlingsbekämpfung angeht, sollte man sich sehr gut überlegen, was man anwendet. Denn viele Mittel sind hochgiftig, was bedeutet, dass man genau darauf achten

Wenn man bei der Aussaat, Pflege und Ernte seiner Gartenfrüchte ganz bewusst auf die dafür günstigsten Termine achtet, wird man sein grünes Hobby nicht ohne Erfolg betreiben.

Um den Boden nicht zu sehr auszuzehren oder zu belasten, sind eine sinnvolle Fruchtfolge und Pflanzengemeinschaft sowie eine vorsichtige Düngung nötig. Ein üppiger Garten ist das Dankeschön dafür.

Ein wesentlicher Wachstumsfaktor ist beispielsweise auch die Einhaltung einer so genannten biologisch-dynamischen Fruchtfolge. Diese verhindert eine einseitige Nährstoffauszehrung des Bodens, indem im vierjährigen Rhythmus nacheinander Wurzel-, Frucht-, Blüten- sowie Blattpflanzen angebaut werden.

muss, welche Pflanzen man damit behandelt und welche in der näheren Umgebung stehen. Außerdem wird das Grundwasser damit belastet.

Das Wachstum der Pflanzen hängt von vielen Faktoren ab. Das Wetter, der Standort, die Bodenqualität usw. spielen eine Rolle. Doch ein wichtiger Punkt ist auch die Pflege – und dabei kann uns der Mond helfen. Denn wenn wir die Einflüsse der vier Mondphasen in Verbindung mit dem Stand des Mondes in den Tierkreiszeichen betrachten, können wir für jede Pflanze die optimalen Termine für das Säen bzw. Setzen, das Gießen, Düngen und Schneiden bestimmen.

Bei zunehmendem Mond atmet die Erde aus und ist weniger aufnahmefähig. Die Lebenssäfte und mit ihnen auch die Nährstoffe der Pflanzen steigen während dieser Zeit nach oben. Das oberirdische Wachstum ist deshalb begünstigt.

Bei abnehmendem Mond atmet die Erde ein und ist besonders aufnahmefähig. Die Säfte und Nährstoffe fließen nach unten, zu den Wurzeln. Das unterirdische Wachstum ist dann begünstigt.

Der Vollmond und der Neumond sind Höhe- und damit auch Wendepunkte in diesem Rhythmus. Die Einflüsse auf Erde und Pflanzen wirken zu diesen Zeiten besonders stark, und deshalb sind auch nur wenige Gartenarbeiten begünstigt.

Tierkreiszeichen und Pflanzen

Die Mondphasen sind im Zusammenhang mit dem Einfluss der Tierkreiszeichen auf die Pflanzenteile zu betrachten. Beispielsweise werden die Pflanzen, deren Fruchtbildung im Wurzelbereich stattfindet, an Wurzeltagen (Stier, Jungfrau- und Steinbocktagen) gesät oder gesetzt. Nach dem gleichen Prinzip werden natürlich auch die Blatt-, Blüten- und die Fruchtpflanzen behandelt. Darüber hinaus hilft uns der Mond auch noch bei der Schädlingsbekämpfung. Er gibt uns verlässliche Termine vor, an denen wir durchaus mit einer geringen Dosierung beste Erfolge erzielen können. Z. B. sollten Schädlinge grundsätzlich bei abnehmendem Mond bekämpft werden.

Wenn Sie an den richtigen Mondterminen pflanzen, gießen und düngen, dann haben Sie vorbeugend schon eine ganze Menge getan.

▸ Bäume pflanzen

Sehr günstig: Bei zunehmendem Mond an allen Stiertagen
Günstig: Bei zunehmendem Mond an Jungfrau- und Steinbocktagen
Weniger günstig: Bei abnehmendem Mond
Ungünstig: Bei Neumond, an Krebstagen

▸ Blattgemüse säen, setzen (außer Kopfsalat)

Sehr günstig: Bei zunehmendem Mond an allen Fischetagen
Günstig: Bei zunehmendem Mond an Krebs- oder Skorpiontagen
Weniger günstig: Bei abnehmendem Mond
Ungünstig: Bei abnehmendem Mond an Widder-, Löwe-, Steinbocktagen

▸ Blumen und Heilpflanzen säen, setzen

Sehr günstig: Bei zunehmendem Mond an einem Wassermanntag
Günstig: Bei zunehmendem Mond an einem Zwillinge- oder Waagetag
Weniger günstig: Bei abnehmendem Mond

Einen ganz natürlichen Beitrag zur Schädlingsbekämpfung leisten günstige Gemeinschaften von Pflanzen, die in einer Vegetationsperiode zwar nebeneinander gedeihen, aber einen unterschiedlichen Bedarf an Nährstoffen haben und sich gegenseitig vor zu starker Sonneneinstrahlung sowie Schädlingen schützen.

Ungünstig: Bei abnehmendem Mond an einem Stier-, Jungfrau- oder Wassermanntag

▸ Ernten und einlagern
Sehr günstig: An Widdertagen
Günstig: Bei aufsteigendem Mond (Schütze, Steinbock, Wassermann, Fische, Widder, Stier)
An Fischetagen Geerntetes sofort verbrauchen!
Weniger günstig: Bei absteigendem Mond (Zwillinge, Krebs, Löwe, Jungfrau, Waage, Skorpion)
Ungünstig: An Jungfrau- und Krebstagen

▸ Früchte, Fruchtgemüse säen, setzen
Sehr günstig: Bei zunehmendem Mond an allen Löwetagen
Günstig: Bei zunehmendem Mond an einem Widder- oder Schützetag
Weniger günstig: Bei abnehmendem Mond
Ungünstig: Bei abnehmendem Mond an einem Blatttag (Krebs, Skorpion, Fische)

▸ Hacken (Lockern des Bodens)
Sehr günstig: An Jungfrautagen
Günstig: An Stier- und Steinbocktagen
Weniger günstig: Bei abnehmendem Mond an Lufttagen (Zwillinge, Waage, Wassermann)
Ungünstig: Bei abnehmendem Mond an Feuertagen (Widder, Löwe, Schütze)

▸ Hecken roden, auslichten
Sehr günstig: Bei abnehmendem Mond an einem Steinbocktag
Günstig: Bei abnehmendem Mond an Stier- und Jungfrautagen

Der Gartenboden braucht Lockerung, damit sich in ihm neues Leben entwickeln kann. Um das organisch gewachsene Bodengefüge nicht zu zerstören, sollte man mit einer Grabegabel oder einem Kultivator hacken.

Weniger günstig: Bei zunehmendem Mond
Ungünstig: Bei zunehmendem Mond an Löwe- und Schützetagen

▶ **Heckenschnitt**
Sehr günstig: Bei abnehmendem Mond
Günstig: Bei absteigendem Mond (Zwillinge, Krebs, Löwe, Jungfrau, Waage, Skorpion)
Weniger günstig: Bei aufsteigendem Mond (Schütze, Steinbock, Wassermann, Fische, Widder, Stier)
Ungünstig: Bei zunehmendem Mond

▶ **Jungpflanzen setzen**
Sehr günstig: Bei abnehmendem Mond an Wurzeltagen (Stier, Jungfrau, Steinbock)
Günstig: Bei abnehmendem Mond an den Blatt- und Fruchttagen (Krebs, Skorpion, Fische, Widder, Löwe, Schütze)
Weniger günstig: Bei zunehmendem Mond
Ungünstig: An Wassermanntagen

▶ **Kartoffeln ernten**
Sehr günstig: An Stier- und Steinbocktagen
Günstig: An Jungfrautagen (zum baldigen Verzehr)
Weniger günstig: Bei zunehmendem Mond
Ungünstig: Bei zunehmendem Mond an Krebstagen

▶ **Kartoffeln häufeln**
Sehr günstig: Bei zunehmendem Mond an Wurzeltagen (Stier, Jungfrau, Steinbock)
Günstig: Bei zunehmendem Mond an Blütentagen (Zwillinge, Waage, Wassermann)
Weniger günstig: Bei abnehmendem Mond
Ungünstig: Bei abnehmendem Mond an Löwetagen

Ziersträucher und Hecken pflanzt man am erfolgreichsten, wenn sich der zunehmende Mond gerade in den Zwillingen befindet, gewisse Kletterpflanzen aber bevorzugt bei zunehmendem Mond an Wassertagen.

▸ Kellerregale und Obsthorden reinigen

Sehr günstig: Bei abnehmendem Mond an Blütentagen (Zwillinge, Waage, Wassermann)
Günstig: Bei abnehmendem Mond
Weniger günstig: Bei abnehmendem Mond an Blatttagen (Krebs, Skorpion, Fische)
Ungünstig: Bei zunehmendem Mond

▸ Komposthaufen ansetzen

Sehr günstig: Bei abnehmendem Mond an einem Jungfrautag
Günstig: Bei abnehmendem Mond an Erd- (Stier, Jungfrau, Steinbock) oder Wassertagen (Krebs, Skorpion, Fische)
Weniger günstig: An Feuertagen
Ungünstig: Bei zunehmendem Mond an Feuertagen (Widder, Löwe, Schütze) kaum erfolgversprechend

▸ Komposthaufen feststampfen

Sehr günstig: Bei zunehmendem Mond an einem Erdtag (Stier, Jungfrau, Steinbock)

Ein Komposthaufen sollte immer mit einer dünnen Schicht Rasenschnitt bedeckt sein, damit er feucht bleibt. Bei zu lang anhaltender Trockenheit muss man ihn leicht gießen, so dass er wieder feucht wird.

Beim Kompostieren bildet sich aus pflanzlichen und anderen organischen Abfällen wertvolle Humuserde – der beste natürliche Dünger.

Günstig: Bei zunehmendem Mond in Stier, Jungfrau, Steinbock, Krebs, Skorpion, Fische
Weniger günstig: Bei abnehmendem Mond

▶ Kopfsalat säen, pflanzen
Sehr günstig: Bei abnehmendem Mond im Krebs
Günstig: Bei abnehmendem Mond an einem Skorpion- oder Fischetag
Weniger günstig: Bei zunehmendem Mond
Ungünstig: Bei zunehmendem Mond an einem Zwillinge-, Waage- oder Jungfrautag

▶ Laubbäume aussäen
Sehr günstig: Bei zunehmendem Mond an Jungfrau- oder Fischetagen
Günstig: Bei absteigendem Mond (Zwillinge, Krebs, Löwe, Jungfrau, Waage, Skorpion)
Weniger günstig: Bei abnehmendem Mond
Ungünstig: Bei abnehmendem Mond an Widder-, Stier-, Schütze-, Steinbock- und Wassermanntagen

▶ Nadelbäume aussäen
Sehr günstig: Bei zunehmendem Mond an den Steinbocktagen
Günstig: Bei absteigendem Mond (Zwillinge, Krebs, Löwe, Jungfrau, Waage, Skorpion)
Weniger günstig: Bei abnehmendem Mond
Ungünstig: Bei abnehmendem Mond an Widder-, Stier-, Schütze-, Fische-, Wassermanntagen

▶ Obstbaumschnitt
Sehr günstig: Bei abnehmendem Mond an einem Fruchttag (Widder, Löwe, Schütze) höchst erfolgversprechend

> Die meisten Blattgemüse werden im Gegensatz zum Kopfsalat bei zunehmendem Mond in einem Wasserzeichen gesät: beispielsweise Blumenkohl, Endiviensalat, Fenchel, Kohlrabi, Mangold und Spinat.

Günstig: Bei absteigendem Mond (Zwillinge, Krebs, Löwe, Jungfrau, Waage, Skorpion)
Weniger günstig: Bei zunehmendem Mond an einem Blatttag (Krebs, Skorpion, Fische)
Ungünstig: Bei Vollmond im Krebs

▶ **Pflanzen düngen**
Sehr günstig: Bei Vollmond
Günstig: Bei abnehmendem Mond; Blumen an einem Blatttag (Krebs, Skorpion, Fische), Obst und Gemüse an Widder- und Schützetagen
Weniger günstig: An Löwetagen
Auf keinen Fall einen Kunstdünger verwenden!
Ungünstig: Bei zunehmendem Mond

▶ **Pflanzen gießen, wässern**
Sehr günstig: An einem Blatttag (Krebs, Skorpion, Fische)
Günstig: An einem Wurzeltag (Stier, Jungfrau, Steinbock)
Weniger günstig: An einem Fruchttag (Widder, Löwe, Schütze)
Ungünstig: An einem Blütentag (Zwillinge, Waage, Wassermann)

▶ **Pflanzen zurückschneiden (bei Krankheit)**
Sehr günstig: Bei Neumond
Günstig: Bei abnehmendem Mond kurz vor Neumond
Weniger günstig: Bei zunehmendem Mond
Ungünstig: Bei Vollmond

▶ **Rankende Gewächse säen, setzen**
Sehr günstig: Bei zunehmendem Mond an den Zwillingetagen

An Löwetagen eine Pflanzendüngung vorzunehmen ist deshalb nicht begünstigt, weil in diesem Fall die Erde zu sehr austrocknen könnte und die Gewächse »verbrennen« würden.

Weniger günstig: Bei abnehmendem Mond
Ungünstig: Bei abnehmendem Mond an Wurzeltagen (Stier, Jungfrau, Steinbock)

▶ Rasen mähen
Sehr günstig: Bei zunehmendem Mond an Krebstagen
Günstig: Bei zunehmendem Mond an Skorpion- und Fischetagen
Weniger günstig: Bei abnehmendem Mond
Ungünstig: Bei abnehmendem Mond an Löwe- und Schützetagen

▶ Rasen säen
Sehr günstig: Bei zunehmendem Mond an Löwe- oder Jungfrautagen
Günstig: Bei zunehmendem Mond
Weniger günstig: Bei abnehmendem Mond

▶ Schädlingsbekämpfung
Sehr günstig: Bei abnehmendem Mond – unterirdische Schädlinge an Wurzeltagen (Stier, Jungfrau, Steinbock), oberirdische Schädlinge an Krebs-, Zwillinge- und Schützetagen
Günstig: Bei abnehmendem Mond
Weniger günstig: Bei zunehmendem Mond nicht zu empfehlen

▶ Schneckenbekämpfung
Sehr günstig: Bei abnehmendem Mond an einem Skorpiontag
Günstig: Bei abnehmendem Mond an Krebs- oder Fischetagen
Weniger günstig: Bei zunehmendem Mond
Ungünstig: Bei zunehmendem Mond an Löwetagen

Um ein Beet, das man bereits von Schnecken gesäubert hat, vor neuen zu schützen, zieht man einen »Schneckenzaun«: Frische (nicht gekochte) Eierschalen bei abnehmendem Mond klein hacken und um Pflanzen und Beet herum auf die Erde rieseln lassen. Die Kanten der Eierschalensplitter halten die Tiere ab.

Neu angelegte oder länger nicht gepflegte Flächen kann man schnell und nachhaltig von Unkraut befreien: Man jätet zum ersten Mal bei zunehmendem Mond im Löwen, was das Unkraut massenhaft hervorlockt. Bei abnehmendem Mond (am besten im Steinbock) wird dann ein zweites Mal gejätet, wobei alles Unkraut entfernt werden kann.

▸ **Stecklinge setzen**
Sehr günstig: Bei abnehmendem Mond an den Jungfrautagen
Weniger günstig: Bei zunehmendem Mond
Ungünstig: Bei zunehmendem Mond an Löwe- und Schützetagen

▸ **Über der Erdoberfläche gedeihende Pflanzen säen**
Sehr günstig: Bei zunehmendem Mond
Günstig: Bei aufsteigendem Mond (Schütze, Steinbock, Wassermann, Fische, Widder, Stier)
Weniger günstig: Bei absteigendem Mond (Zwillinge, Krebs, Löwe, Jungfrau, Waage, Skorpion)
Ungünstig: Bei abnehmendem Mond

▸ **Umgraben im Frühjahr**
Sehr günstig: 1. Löwe bei zunehmendem Mond
2. Steinbock bei abnehmendem Mond
3. generell bei abnehmendem Mond
Günstig: Bei abnehmendem Mond
Weniger günstig: Bei zunehmendem Mond

▸ **Umsetzen, Umtopfen von Pflanzen**
Sehr günstig: Im Frühjahr oder Herbst bei zunehmendem Mond an einem Jungfrautag
Günstig: Bei absteigendem Mond (Zwillinge, Krebs, Löwe, Jungfrau, Waage, Skorpion)
Weniger günstig: Bei aufsteigendem Mond (Schütze, Steinbock, Wassermann, Fische, Widder, Stier)
Ungünstig: Bei abnehmendem Mond

▸ **Unkraut jäten**
Günstig: Bei abnehmendem Mond im Steinbock, aber auch bei zunehmendem Mond im Wassermann

Stecklinge setzen – Vermehrung durch Stecklinge

Weniger günstig: Bei zunehmendem Mond
Ungünstig: Bei zunehmendem Mond an Löwe- und Schützetagen

▶ Unter der Erdoberfläche gedeihende Pflanzen säen
Sehr günstig: Bei abnehmendem Mond
Günstig: Bei absteigendem Mond (Zwillinge, Krebs, Löwe, Jungfrau, Waage, Skorpion)
Weniger günstig: Bei aufsteigendem Mond (Schütze, Steinbock, Wassermann, Fische, Widder, Stier)
Ungünstig: Bei zunehmendem Mond

▶ Veredeln von Obstgehölzen
Sehr günstig: Bei zunehmendem Mond (nahe dem Vollmond) an einem Fruchttag (Widder, Löwe, Schütze)
Günstig: Bei aufsteigendem Mond
Weniger günstig: Bei abnehmendem Mond

▶ Vermehrung durch Stecklinge
Sehr günstig: Im Frühjahr bei zunehmendem Mond, im Herbst bei abnehmendem Mond am erfolgreichsten

Die Vermehrung durch Stecklinge ist vom Frühjahr bis zum Herbst gleichbleibend erfolgreich, wenn sie an einem Jungfrautag vorgenommen wird.

Das Umtopfen ist eine der einfachsten Arbeiten, um Kinder für das Wunder Natur zu begeistern und zur Liebe für Pflanzen zu erziehen.

Günstig: Bei absteigendem Mond (Zwillinge, Krebs, Löwe, Jungfrau, Waage, Skorpion)
Weniger günstig: Bei aufsteigendem Mond (Schütze, Steinbock, Wassermann, Fische, Widder, Stier)
Ungünstig: Im Frühjahr bei abnehmendem Mond, im Herbst bei zunehmendem Mond

▶ Wurzelgemüse säen, setzen

Sehr günstig: Bei abnehmendem Mond an einem Jungfrautag; Kartoffeln kurz nach Vollmond setzen
Günstig: Bei abnehmendem Mond an einem Stier- oder Steinbocktag
Weniger günstig: Bei zunehmendem Mond
Ungünstig: Bei zunehmendem Mond an einem Widder-, Löwe- oder Stiertag gar nicht zu empfehlen

▶ Zwischendüngung bei Pflanzen

Sehr günstig: Bei abnehmendem Mond an allen Stiertagen
Günstig: Bei abnehmendem Mond an Jungfrau- und Steinbocktagen
Weniger günstig: Bei zunehmendem Mond nicht zu empfehlen
Ungünstig: Bei zunehmendem Mond an Blütentagen (Zwillinge, Waage, Wassermann)

▶ Wurzelgemüse einlagern

Sehr günstig: An einem Stiertag
Günstig: Bei aufsteigendem Mond (Schütze, Steinbock, Wassermann, Fische, Widder, Stier)
Weniger günstig: Bei absteigendem Mond (Zwillinge, Krebs, Löwe, Jungfrau, Waage, Skorpion)
Ungünstig: An Jungfrau- und Krebstagen kaum erfolgversprechend

> **Man kann erfahrungsgemäß die Wirkung des abnehmenden Mondes noch verstärken, wenn die Düngung mit Pflanzenpräparaten am Nachmittag vollzogen wird.**

Landwirtschaft und Viehhaltung

▶ **Abtrieb von der Weide**
Sehr günstig: Bei zunehmendem Mond
Weniger günstig: Bei abnehmendem Mond

▶ **Dünger oder Mist ausbringen**
Sehr günstig: Bei abnehmendem Mond an Widder-, Stier-, Jungfrau-, Schütze- und Steinbocktagen
Günstig: Bei abnehmendem Mond an Löwetagen (keinen Kunstdünger verwenden!)
Ungünstig: Bei zunehmendem Mond

▶ **Getreide aussäen**
Sehr günstig: Bei zunehmendem Mond an Widdertagen
Günstig: Bei zunehmendem Mond an Löwe- und Schützetagen
Weniger günstig: Bei abnehmendem Mond
Ungünstig: Bei abnehmendem Mond an Blatttagen (Krebs, Skorpion, Fische)

Wenn man für die Bodenvorbereitung im Frühjahr auch Stallmist verwendet, sollte dieser nicht zu tief in die Erde eingebracht werden, weil er zum Verrotten genügend Sauerstoff braucht.

▶ **Getreide düngen**
Sehr günstig: Bei Vollmond
Günstig: Bei abnehmendem Mond an Widder- und Schützetagen
Weniger günstig: An Löwetagen (keinen Kunstdünger verwenden!)
Ungünstig: Bei zunehmendem Mond kaum erfolgversprechend

▶ **Getreide ernten und einlagern**
Sehr günstig: Bei abnehmendem Mond an Fruchttagen (Widder, Löwe Schütze)
Günstig: Bei abnehmendem Mond

Weniger günstig: Bei zunehmendem Mond
Ungünstig: Bei zunehmendem Mond an Blatttagen (Krebs, Skorpion, Fische)

▶ **Heustock ansetzen**
Sehr günstig: Bei abnehmendem Mond an Blütentagen (Zwillinge, Waage, Wassermann)
Günstig: Bei abnehmendem Mond
Ungünstig: Bei zunehmendem Mond an Blatttagen (Krebs, Skorpion, Fische)

▶ **Huf-, Klauen- und Krallenpflege**
Sehr günstig: Bei abnehmendem Mond an Stier-, Widder- und Steinbocktagen

▶ **Jauche oder Gülle ausbringen**
Sehr günstig: Bei Vollmond
Günstig: Bei abnehmendem Mond
Ungünstig: Bei zunehmendem Mond

▶ **Jungtiere entwöhnen**
Sehr günstig: Bei zunehmendem Mond beginnen; am Vollmondtag zum letzten Mal trinken lassen
Weniger günstig: Bei Vollmond in Krebs, Löwe und Jungfrau

▶ **Lagerstreu einbringen**
Sehr günstig: Bei abnehmendem Mond
Günstig: Bei aufsteigendem Mond (Schütze, Steinbock, Wassermann, Fische, Widder, Stier)
Weniger günstig: Bei absteigendem Mond (Zwillinge, Krebs, Löwe, Jungfrau, Waage, Skorpion)
Ungünstig: Bei zunehmendem Mond kaum erfolgversprechend

> Jauche aus Beinwell oder Brennnessel für Gartenpflanzen kann man ganz leicht selbst ansetzen: Pflanzenteile und kaltes Wasser (100 Gramm Pflanzenmasse pro 1 Liter Wasser) mischen, dann in luftdurchlässig bedeckten Behältern ein bis vier Wochen gären lassen und täglich umrühren. Wenn die Schaumbildung aufhört, ist die Jauche fertig.

Heustock ansetzen – Viehaustrieb

▸ **Schlachten**
Sehr günstig: Bei Vollmond
Günstig: Bei zunehmendem Mond
Ungünstig: Bei abnehmendem Mond

▸ **Stall neu beziehen**
Sehr günstig: Bei aufsteigendem Mond (Schütze, Steinbock, Wassermann, Fische, Widder, Stier), aber nicht an Dienstagen, Donnerstagen und Sonntagen
Ungünstig: Bei absteigendem Mond (Zwillinge, Krebs, Löwe, Jungfrau, Waage, Skorpion), besonders aber an Dienstagen, Donnerstagen oder Sonntagen, nicht besonders erfolgversprechend

▸ **Stallreinigung**
Sehr günstig: Bei abnehmendem Mond an Blütentagen (Zwillinge, Waage, Wassermann) empfehlenswert
Günstig: Bei absteigendem Mond (Zwillinge, Krebs, Löwe, Jungfrau, Waage, Skorpion)
Weniger günstig: Bei absteigendem Mond (Zwillinge, Krebs, Löwe, Jungfrau, Waage, Skorpion)
Ungünstig: Bei zunehmendem Mond kaum erfolgversprechend

▸ **Viehaustrieb auf die Weide**
Sehr günstig: An Waagetagen, außer, wenn sie auf einen Dienstag oder Donnerstag fallen
Günstig: Bei absteigendem Mond (Zwillinge, Krebs, Löwe, Jungfrau, Waage, Skorpion), aber nicht am Dienstag oder Donnerstag
Weniger günstig: Bei aufsteigendem Mond (Schütze, Steinbock, Wassermann, Fische, Widder, Stier)
Ungünstig: An Dienstagen oder Donnerstagen nicht besonders erfolgversprechend

Der jahrhundertealte Erfahrungsschatz der Bauern, aus dem diese Regeln für die Nutztierhaltung stammen, hält auch einige Ratschläge bezüglich des Umgangs mit Haustieren bereit: Z. B. soll man diese möglichst an Neumondtagen kastrieren.

Holzverarbeitung

In der Regel kauft man heute das Holz beim Händler, der es schon zur Weiterverwertung aufbereitet hat. Doch wenn Sie die Möglichkeit haben, den Zeitpunkt des Holzeinschlags zu erfahren, nutzen Sie dies, und richten Sie Ihre Auswahl danach. Denn für das Einschlagen von Holz gibt es viele Regeln, die die beabsichtigte Verwendung optimal berücksichtigen, ob es für Möbel oder für einen Boden gebraucht wird, ob daraus ein Boot, ein Steg oder ein Zaun gebaut werden soll, oder ob es einfach für den Kamin geschlagen wird. Über Generationen hinweg haben sich die Erfahrungen zu unseren heutigen Mondregeln für den Holzeinschlag entwickelt. Denn je nach Verarbeitung muss das Holz besonders trocken sein, es darf nicht faulen, muss hart sein, sollte gut brennen oder soll schwer entflammbar sein. Auch dem Holzwurmbefall kann man mit dem Zeitpunkt des Holzeinschlags vorbeugen.

> Inzwischen haben Wissenschaftler nachgewiesen, dass das Auf- bzw. Absteigen des Safts in den Bäumen unmittelbar mit dem Zu- bzw. Abnehmen des Mondes in Zusammenhang steht.

Grundsätzlich ist der Winter die beste Zeit, Holz zu fällen, denn dann sind die Säfte »abgestiegen«, und das Holz arbeitet weniger. Die Mondphasen sind ebenfalls wichtig – vor allem die Nähe zum Vollmond oder zum Neumond spielt eine entscheidende Rolle.

Es gibt uralte Regelwerke, die genaueste Angaben über die günstigsten Termine machen, Holz für bestimmte Zwecke einzuschlagen. Daraus haben sich die heutigen Regeln entwickelt. Und wenn Sie sich über so konkrete Datumsangaben wundern: Seit Hunderten von Jahren werden diese Regeln erfolgreich angewandt.

▶ Bauholz einschlagen

Sehr günstig: Bei zunehmendem Mond in den Fischen
Weniger günstig: Bei abnehmendem Mond im Löwen

Bauholz – Christbäume

▶ **Bäume fällen**
Sehr günstig: Bei abnehmendem Mond im Winter
Günstig: Am 3. April, 22. Juni und 30. Juli
Weniger günstig: Bei zunehmendem Mond
Ungünstig: An Skorpiontagen

▶ **Brennholz einschlagen**
Sehr günstig: Im Oktober an den ersten sieben Tagen nach Neumond
Günstig: Nach dem 21. Dezember bei abnehmendem Mond
Weniger günstig: Bei zunehmendem Mond an Wassertagen (Krebs, Skorpion, Fische)

▶ **Christbäume einschlagen**
Sehr günstig: Drei Tage vor dem elften Vollmond (im November oder Dezember)
Günstig: Bei zunehmendem Mond
Weniger günstig: Bei abnehmendem Mond nicht empfehlenswert

Sollte der Christbaumschnitt dem optimalen Termin gemäß schon im November stattfinden, wird der gefällte Baum dennoch nicht nadeln, wenn man ihn bis Weihnachten kühl lagert.

Manchmal kann man auch den Einschlagtermin von Holz, das man im Handel bezieht, herausbekommen. Versuchen Sie es – es lohnt sich.

Auch Holz, das man in den letzten Dezembertagen einschlägt, fault nicht und wird kaum von Holzwürmern befallen. Deshalb ist es für verschiedenste Zwecke gut geeignet.

▸ **Dielenholz einschlagen**
Sehr günstig: Kurz nach Vollmond an einem Stiertag
Günstig: An Skorpiontagen im August

▸ **Hartes Holz einschlagen, das nicht fault**
Sehr günstig: Im März, wenn der abnehmende Mond in den Fischen steht
Günstig: 1./7./25./31. Januar; 1./2. Februar
Weniger günstig: Bei zunehmendem Mond

▸ **Holz einschlagen, das schwer brennt**
Sehr günstig: Am 1. März nach Sonnenuntergang
Günstig: Bei Neumond in der Waage; zwei Tage vor Märzneumond; ein Tag vor Dezemberneumond
Weniger günstig: Bei zunehmendem Mond

▸ **Holz einschlagen, das nicht schwindet**
Sehr günstig: Am 21. Dezember zwischen 11 und 12 Uhr
Günstig: Bei abnehmendem Mond
Weniger günstig: Bei zunehmendem Mond

Optimale Zeitpunkte, um Möbelholz zu fällen, sind nicht sehr häufig gegeben. Falls diese aber berücksichtigt werden können, ist das Holz leichter zu verarbeiten.

▶ Holz für den Wasserbau einschlagen
Sehr günstig: Bei abnehmendem Mond an einem Krebs- oder Fischetag
Günstig: Bei abnehmendem Mond an allen Skorpiontagen
Weniger günstig: Bei zunehmendem Mond an einem Löwetag

▶ Holztüren und Fenster bauen
Sehr günstig: Bei abnehmendem Mond an einem Steinbocktag
Das Holz arbeitet nicht; Türen und Fenster schließen gut und quellen nicht auf.
Günstig: Bei abnehmendem Mond, aber nicht an Löwe-, Schütze- und Krebstagen
Weniger günstig: Bei zunehmendem Mond, aber auch bei abnehmendem Mond an Löwe-, Schütze- und Krebstagen
Ungünstig: Bei zunehmendem Mond in Löwe, Schütze und Krebs

▶ Möbelholz einschlagen
Sehr günstig: Nach dem Dezemberneumond an Wassermann- und Fischetagen
Günstig: Bei Neumond im Skorpion (Holz aber sofort entrinden!)
Weniger günstig: Bei zunehmendem Mond kurz vor Vollmond

▶ Reißfestes Holz einschlagen
Sehr günstig: Kurz vor Novemberneumond
Günstig: Bei Neumond im Krebs
Weniger günstig: Bei zunehmendem Mond an einem Löwetag

Holz, das nicht reißt, ist vor allem für Zäune und Pfosten geeignet. Setzen oder reparieren sollte man diese immer bei abnehmendem Mond oder Neumond – vorzugsweise an einem Jungfrautag, weil dann z. B. die Nägel besser im Holz bleiben.

Beruf und Karriere

Beruf und Karriere haben auf den ersten Blick wenig mit irgendwelchen Himmelsereignissen zu tun. Doch sie haben etwas mit uns selbst zu tun, mit unserem Charakter, unserer Einstellung zum Beruf und zur Arbeit allgemein, mit unserem Willen, vorwärts zu kommen, oder unserer Trägheit.

Wir wissen, dass der Mond die Natur und das Leben beeinflusst, dass im Verlauf seines Erdumlaufs unterschiedliche Energien wirken. Diese Energien haben Auswirkungen auf unsere berufliche Entwicklung: Einige unserer persönlichen Charaktereigenschaften können verstärkt und unterstützt, andere eher abgeschwächt werden.

So können bei Neumond berufliche Angelegenheiten erfolgreich abgeschlossen werden. Auch ein absoluter Neubeginn oder der Vorstoß in Neuland ist jetzt begünstigt. Bei zunehmendem Mond können vor allem gut schwierige Verhandlungen geführt sowie Projekte geplant und vorbereitet werden. Der Vollmond ist keine gute Zeit für geschäftliche Aktivitäten, man sollte jetzt vor allem keine riskanten Transaktionen tätigen. Der abnehmende Mond ist eine besonders geeignete Phase, um leistungsstark ans Werk zu gehen.

Auch hier gilt, dass wir Arbeiten, die erledigt werden müssen, natürlich nicht wegen des Mondes verschieben können. Doch Sie sollten einmal darauf achten, wie z. B. Verhandlungen zu den verschiedenen Zeitpunkten und Konstellationen verlaufen. Vielleicht bemerken Sie an sich selbst bestimmte Verhaltensweisen, die mal mehr und mal weniger stark ausgeprägt sind. Möglicherweise erkennen Sie eine Regelmäßigkeit darin, wenn Sie in Verhandlungen manchmal ungeduldiger sind, manch-

Auch in diesem Zusammenhang sind neben den Mondphasen die Tierkreiszeichen von besonderem Belang, weil sie nicht nur die Wirkung des Mondes auf den Körper, sondern ebenso auf das Seelenleben des Menschen mitbestimmen (siehe hierzu »Tierkreiszeichen und Temperament«, Seite 20 ff., »Tierkreiszeichen und Alltag«, Seite 22 ff.).

mal kompromissbereiter. Vielleicht lohnt es sich ja, bei der Planung eines wichtigen Termins einen Blick in Ihren Mondkalender zu werfen.

▶ Anschaffungen, größere
Sehr günstig: An Stiertagen
Günstig: Bei abnehmendem Mond, kurz vor Neumond
Weniger günstig: Bei Vollmond

▶ Arbeiten, die sehr viel Körperkraft erfordern
Sehr günstig: Bei abnehmendem Mond, nachmittags zwischen 14.00 und 18.30 Uhr besonders erfolgversprechend
Günstig: Bei abnehmendem Mond
Weniger günstig: Bei zunehmendem Mond
Ungünstig: Bei Neumond

▶ Arbeiten, die sehr viel Feingefühl erfordern
Sehr günstig: Bei abnehmendem Mond an allen Waagetagen
Günstig: Bei abnehmendem Mond an Krebs- und Wassermanntagen
Weniger günstig: Bei zunehmendem Mond an den Jungfrautagen

▶ Behördengänge
Sehr günstig: Bei abnehmendem Mond an Jungfrau- und Steinbocktagen
Günstig: An Jungfrau- und Steinbocktagen
Weniger günstig: Bei Vollmond

▶ Besprechungen, geschäftliche
Sehr günstig: Bei zunehmendem Mond in Widder, Zwillinge, Jungfrau und Skorpion

Bei abnehmendem Mond befindet sich der menschliche Organismus in seiner Bestform. Man ist nun viel müheloser zu großen körperlichen wie auch geistigen Leistungen fähig als während der anderen Mondphasen.

Günstig: Bei zunehmendem Mond
Weniger günstig: Bei abnehmendem Mond weniger zu empfehlen

▶ Bewerbung, Vorstellung
Sehr günstig: Bei abnehmendem Mond, wenige Tage nach Vollmond
Günstig: Bei abnehmendem Mond
Weniger günstig: Bei zunehmendem Mond

▶ Geldangelegenheiten regeln
Sehr günstig: Bei zunehmendem Mond an einem Erdtag (Stier, Jungfrau, Steinbock)
Weniger günstig: Bei abnehmendem Mond an einem Wassertag (Krebs, Skorpion, Fische)
Ungünstig: Bei Vollmond

> Erfahrungsgemäß trägt besonders der Mond im Tierkreiszeichen Stier dazu bei, Geld und Besitz zu bewahren bzw. zu vermehren.

▶ Geldanlagen
Sehr günstig: Bei zunehmendem Mond an einem Erdtag (Stier, Jungfrau, Steinbock)
Günstig: An einem Erdtag (Stier, Jungfrau, Steinbock)
Weniger günstig: Bei abnehmendem Mond
Ungünstig: Bei Vollmond

▶ Geschäftsbeziehungen ausbauen
Sehr günstig: Bei abnehmendem Mond an Zwillinge-, Steinbock- und Wassermanntagen
Günstig: An allen Zwillinge-, Steinbock- und Wassermanntagen
Weniger günstig: Bei zunehmendem Mond

▶ Haushaltsplanung
Sehr günstig: Bei zunehmendem Mond
Weniger günstig: Bei abnehmendem Mond

▶ **Kommunikation, Kontakte**
Sehr günstig: An Zwillinge-, Löwe-, Wassermanntagen
Günstig: An Waage-, Widder- und Krebstagen
Weniger günstig: An allen Stier-, Fische- und Steinbocktagen

▶ **Kreativität**
Sehr günstig: Bei abnehmendem Mond an Löwe-, Waage-, Wassermann- und Fischetagen
Günstig: An allen Löwe-, Waage-, Wassermann- und Fischetagen
Weniger günstig: An Widder- und Jungfrautagen

▶ **Lernen**
Sehr günstig: Bei zunehmendem Mond in den Zwillingen, im Löwen, in der Jungfrau und im Wassermann
Günstig: An Zwillinge-, Löwe-, Jungfrau- und Wassermanntagen
Weniger günstig: Bei abnehmendem Mond in Krebs und Fische

▶ **Projektplanung**
Sehr günstig: Bei zunehmendem Mond an Skorpion-, Steinbock- und Wassermanntagen
Günstig: An allen Skorpion-, Steinbock- und Wassermanntagen
Weniger günstig: Bei abnehmendem Mond in Krebs, Waage und Fische

▶ **Rechtsangelegenheiten**
Sehr günstig: Bei abnehmendem Mond im Schützen
Günstig: An Schütze-, Zwillinge- und Jungfrautagen
Weniger günstig: Bei zunehmendem Mond an den Fischetagen

In der Phase des zunehmenden Mondes, während der alles im Zeichen des Wachstums steht, kann nicht nur der Körper Kräftigendes und Heilendes besonders positiv verwerten. Auch die der Seele und dem Geist zugeführten Energien werden gut aufgenommen.

> ▶ **Reiseplanung**
> *Sehr günstig:* Bei zunehmendem Mond an Jungfrau- und Steinbocktagen
> *Günstig:* An Jungfrau- und Steinbocktagen
> *Weniger günstig:* Bei abnehmendem Mond

Vor allem die Jungfrautage sind für Bürotätigkeit so günstig, da sie sich sehr für Routineangelegenheiten eignen. Außerdem ist man an diesen Tagen besonders produktiv, weil Arbeit und Pflichterfüllung im Vordergrund stehen.

> ▶ **Schreiben**
> *Sehr günstig:* Bei abnehmendem Mond in Zwillinge, Jungfrau, Skorpion
> *Weniger günstig:* Bei zunehmendem Mond in Krebs, Schütze, Fische

> ▶ **Verhandlungen**
> *Sehr günstig:* Bei zunehmendem Mond in Widder, Schütze, Wassermann
> *Günstig:* An Widder-, Schütze- und Wassermanntagen
> *Weniger günstig:* Bei abnehmendem Mond an Krebs- oder Fischetagen

> ▶ **Versteigerungen besuchen**
> *Sehr günstig:* Bei Neumond
> *Günstig:* Bei zunehmendem Mond in Widder, Krebs, Waage oder Steinbock
> *Weniger günstig:* Bei abnehmendem Mond

> ▶ **Verträge abschließen**
> *Sehr günstig:* Bei zunehmendem Mond
> *Weniger günstig:* Bei abnehmendem Mond

> ▶ **Werbung**
> *Sehr günstig:* Bei abnehmendem Mond an Zwillinge-, Wassermann- und Skorpiontagen
> *Günstig:* An Zwillinge-, Wassermann-, Skorpiontagen
> *Weniger günstig:* Bei zunehmendem Mond

Freizeit und Erholung

Freizeit ist ein wichtiger Bereich im Leben. Hier erholen wir uns von den Anstrengungen des Berufs und anderer Verpflichtungen. Es ist wichtig, sich diese Zeit zu nehmen, in der man sich regenerieren und wieder auftanken kann. Auf welche Weise dies geschieht, ist individuell verschieden. Diese unterschiedlichen Bedürfnisse hängen vom Typ ab – und natürlich auch von äußeren Gegebenheiten wie Wetter oder Jahreszeit. Doch gerade wenn man ein Fest oder einen Ausflug plant, sollte man einen Blick auf den Mondkalender werfen, denn dieser kann Entscheidungshilfe leisten.

Witterung und Gemüt

Für einen Ausflug z. B. ist die auch vom Tierkreiszeichen des Tages beeinflusste Witterung zu beachten. Fällt der geplante Ausflug auf einen Kältetag, sollte man keinesfalls warme Kleidung vergessen. Wärmetage hingegen sind dafür sehr günstig, auch wenn an Löwetagen häufig Gewitterneigung herrscht und deshalb ein Regenschutz ins Gepäck gehört.

Für Unternehmungen wie Kinobesuche oder Abende im Freundeskreis ist die Wirkung des jeweiligen Tierkreiszeichens auf die Tagesstimmung interessanter. Diese gibt Anhaltspunkte, wie man sich u. U. fühlen und verhalten wird. Solche Einflüsse sind meist nicht direkt spürbar. Man kann eher sagen, dass sie vorhandene Neigungen leicht in eine bestimmte Richtung lenken.

Der Mond befindet sich aber immer nur zwei bis drei Tage in einem Tierkreiszeichen, so können sich die Energien nicht allzu stark entwickeln. Spürbarer ist dagegen schon der Einfluss der Mondphasen. Wenn man den 28-tägigen Erdumlauf des Mondes in vier wiederkeh-

Für viele besteht ein entspannender Feierabend nach einem harten Arbeitstag darin, einfach ein paar harmonische Stunden mit dem Partner zu verbringen: Stier-, Waage- und Fischetage sind dafür prädestiniert.

rende Abschnitte einteilt, kann man ihn als Lebensrhythmus sehen und mit den vier Jahreszeiten vergleichen.

Der Jahresrhythmus

Beginnend mit dem Neumond stehen die ersten sieben Tage des Zyklus für den Frühling. Wir bekommen frische Energie, sind kontaktfreudig und können uns endlich dazu aufraffen, lange vor uns hergeschobene Dinge in Angriff zu nehmen. Pläne werden gemacht, Ausflüge oder Feste organisiert.

Bei weiter zunehmendem Mond kann diese Energie in nervöse Umtriebigkeit umschlagen. Die zweiten sieben Tage des Mondzyklus können dem Sommer gleichgesetzt werden. Die Energie ist noch vorhanden, wir können noch viel schaffen, werden aber langsam ineffektiver. Zwei Tage vor Vollmond wird es kritisch. Die Menschen sind unruhiger, reizbarer. Wer dies weiß, kann versuchen, dem entgegenzuwirken, indem er auf Provokation bewusst gelassen reagiert und somit eventuell Streit verhindert.

Sobald der Vollmond vorüber ist, beruhigen sich die Menschen langsam wieder. Vergleichbar mit dem Herbst in der Natur, kann jetzt das, was im ersten Quartal begonnen wurde, zur Reife gelangen. Pläne werden ausgeführt, Feste gefeiert, Kontakte gepflegt.

Die letzten sieben Tage stehen für den Winter, für das Kräfteschonen vor dem Neubeginn. Es ist Zeit, sich zurückzuziehen, zur Ruhe zu kommen und sich auf den nahenden Neuanfang vorzubereiten.

Auch Lichttage (Zwillinge-, Waage- und Wassermanntage) sind für einen Ausflug geeignet, weil sie eine angenehme Witterungsstimmung bedingen. Allerdings sollte man die Sonneneinstrahlung nicht unterschätzen und sich entsprechend vor Sonnenbrand schützen.

▶ **Einen Ausflug machen**
Günstig: An Widder-, Stier-, Jungfrau- und Schützetagen
Weniger günstig: An Skorpion- und Steinbocktagen

▶ Ausruhen

Sehr günstig: Bei zunehmendem Mond an Krebstagen
Günstig: Bei zunehmendem Mond
Weniger günstig: Bei abnehmendem Mond an Feuertagen (Widder, Löwe, Schütze)

▶ Bekanntschaften pflegen

Sehr günstig: An Zwillinge-, Krebs-, Wassermann- und Waagetagen
Weniger günstig: An den Erdtagen (Stier, Jungfrau, Steinbock)

▶ Einkäufe machen

Günstig: An Stier-, Jungfrau- und Skorpiontagen
Weniger günstig: An den Krebs-, Wassermann- und Fischetagen

▶ Essen zu zweit

Sehr günstig: Bei abnehmendem Mond an Krebs- und Fischetagen
Günstig: An Stier- und Wassermanntagen
Weniger günstig: An Widdertagen

Vor allem der Einkauf von Kleidung ist an Stier-, Jungfrau- und Skorpiontagen begünstigt.

Eine Abendwanderung bei gerade aufgegangenem Mond ist immer wieder ein beeindruckendes Erlebnis. Man sollte es in Gesellschaft genießen!

▶ Familienbesuche
Sehr günstig: An Krebs-, Löwe-, Zwillingetagen

▶ Feste, Partys
Sehr günstig: Bei abnehmendem Mond an Lufttagen (Zwillinge, Waage, Wassermann) und Löwetagen
Günstig: An Lufttagen (Zwillinge, Waage, Wassermann) und Löwetagen
Weniger günstig: An Krebs- und Steinbocktagen weniger erfolgversprechend

> An Lufttagen herrscht ein ausgeprägtes Gefühl für Geselligkeit vor. An Löwetagen sind eher das Bedürfnis nach Selbstdarstellung und Spaß sowie die Lust auf Flirten und Erobern dominant.

▶ Filme anschauen
Sehr günstig: An Fischetagen
Günstig: An Lufttagen (Zwillinge, Waage, Wassermann) und Widdertagen

▶ Haushaltsplanung
Sehr günstig: Bei zunehmendem Mond an Stier- und Steinbocktagen
Weniger günstig: Bei abnehmendem Mond an Krebs- und Fischetagen

▶ Kochen
Sehr günstig: Bei abnehmendem Mond an Krebs-, Waage- und Fischetagen
Günstig: An Krebs-, Waage- und Fischetagen
Weniger günstig: Bei zunehmendem Mond an Feuertagen (Widder, Löwe, Schütze)

▶ Kunstgewerbliche Tätigkeiten
Sehr günstig: Bei abnehmendem Mond an Stier-, Krebs- und Wassermanntagen
Günstig: An Stier-, Krebs- und Wassermanntagen
Weniger günstig: An Steinbocktagen

▶ Mode, Beschäftigung mit
Sehr günstig: An allen Waage-, Skorpion- und Wassermanntagen

▶ Moderne Kunst
Sehr günstig: Bei zunehmendem Mond an Löwe-, Waage- und Wassermanntagen
Günstig: An Löwe-, Waage- und Wassermanntagen
Weniger günstig: An allen Wassertagen (Krebs, Skorpion, Fische)

▶ Opern- und Konzertbesuche
Sehr günstig: An Löwe-, Waage- und Wassermanntagen

▶ Reisen antreten
Sehr günstig: Bei abnehmendem Mond in Widder, Zwillinge, Schütze, Wassermann
Günstig: An Widder-, Zwillinge-, Schütze- und Wassermanntagen
Weniger günstig: Bei zunehmendem Mond in Krebs, Steinbock, Fische

▶ Spaziergänge
Sehr günstig: An Widder-, Krebs- und Schützetagen

▶ Sport, Wettkämpfe
Sehr günstig: Bei abnehmendem Mond in Widder, Schütze, Fische (Schwimmen)
Weniger günstig: Bei Neumond

▶ Streitigkeiten schlichten
Sehr günstig: An Schützetagen
Günstig: An Steinbocktagen
Weniger günstig: An Widder- und Stiertagen

An Schützetagen sind die Erkenntnisfähigkeit, aber auch der Mut und die Energie sehr groß, um ein Problem richtig zu lösen. Steinbocktage fördern die nötige Umsicht und Zielstrebigkeit, um Konflikte zu beenden.

▶ **Tanzen gehen**
Sehr günstig: Bei abnehmendem Mond an Widdertagen
Günstig: An Löwe-, Waage- und Wassermanntagen
Weniger günstig: An Krebs- und Steinbocktagen weniger zu empfehlen

▶ **Theaterbesuche**
Sehr günstig: An Zwillinge- und Steinbocktagen besonders empfehlenswert
Günstig: An Widder-, Waage- und Wassermanntagen
Weniger günstig: An Krebstagen

▶ **Träumen, meditieren**
Sehr günstig: Bei zunehmendem Mond an Wassertagen (Krebs, Skorpion, Fische) ganz besonders bereichernd
Günstig: An Wassertagen (Krebs, Skorpion, Fische)
Weniger günstig: Bei abnehmendem Mond an Widder-, Löwe- und Stiertagen

Liebe und Partnerschaft

Eines ist sicher: Das Gelingen oder Scheitern einer Partnerschaft hat wenig mit dem Mond zu tun. Es geht um die Gefühle zweier Menschen, die miteinander zurechtkommen wollen.

Aber da der Mond auf jeden Einzelnen wirkt, überträgt sich diese Wirkung auch auf unsere Beziehungen. Dieser Einfluss ist unabhängig von den Mondphasen, er gründet sich hauptsächlich auf die Impulse der Tierkreiszeichen.

Die folgende Aufstellung zeigt, welches Verhalten oder welche Stimmung von den Tierkreiszeichen beeinflusst sind. Danach sollten Sie nicht Ihre Beziehung planen, doch Sie können sich so auf manches besser einstellen.

Eine alte Bauernregel besagt, dass ein Ehevertrag und auch der Ehebund idealerweise bei zunehmendem Mond geschlossen werden sollten.

Es gibt beispielsweise Tage mit einer besonders aggressiven Atmosphäre – da ist es ratsam, keine heiklen Themen klären zu wollen. Sie nutzen besser einen Tag mit harmonischer Grundstimmung, um eben diese Streitpunkte zu beseitigen.

Eine andere Bauernregel lautet: Der Einzug der Brautleute in das neue Heim darf nur bei Neumond erfolgen, da dann das Glück zunimmt.

▶ **Flirten und erobern**
Widder, Löwe
▶ **Freundschaft festigen**
Zwillinge, Waage
▶ **Harmonische Grundstimmung**
Stier, Waage, Fische
▶ **Hochzeitstermin**
Stier
▶ **Leidenschaft**
Widder, Löwe
▶ **Melancholie**
Steinbock
▶ **Neue Bekanntschaften schließen**
Widder, Zwillinge, Waage, Schütze
▶ **Romantische Stimmung**
Löwe, Waage
▶ **Sinnlichkeit**
Stier, Skorpion
▶ **Starke Gefühle**
Krebs, Fische
▶ **Gereizte Stimmung**
Widder, Jungfrau, Skorpion
▶ **Zärtlichkeit**
Krebs, Löwe, Fische
▶ **Zukunftspläne schmieden**
Stier, Schütze, Wassermann
▶ **Zurückhaltung**
Steinbock

Bis in den Hafen der Ehe: Auch bei Liebesbeziehungen kann sich die Kraft des Mondes bemerkbar machen.

Mondtabellen von 1999 bis 2004

Während er die Erde umläuft, geht der wechselnde Mond für jeweils zwei bis drei Tage durch ein Zeichen des Tierkreises. Wie man weiß, verleihen diese Zeichen der Mondkraft eine bestimmte Qualität. Diese Qualität kann unterschiedlich sein – je nachdem, in welcher Phase sich der Mond während des Durchgangs gerade befindet.

Die Berechnung der Ephemeriden

Ausgehend von den vier Grundphasen des Mondes ergeben sich während eines Kalenderjahres 48 mögliche Grundkonstellationen mit jeweils unterschiedlichen Wirkungsspektren. Jede dieser Konstellationen ist von anderer Dauer, die davon abhängt, wie viel Zeit der Mond in einem Tierkreiszeichen verbringt. In den Mondtabellen finden Sie für jeden Tag das wirkende Tierkreiszeichen sowie die gegebene Mondphase verzeichnet. Bei diesen Tabellen wurden als Berechnungsgrundlage für den Eintritt des Mondes in ein Zeichen die so genannten Ephemeriden zugrunde gelegt.

Als Beurteilungskriterium dafür, von welchem Tierkreiszeichen der einzelne Tag dominiert wird, gilt für die Redaktion ab 1999 nicht mehr wie bisher das Zeichen, in dem der Mond steht, wenn der Tag beginnt. Entscheidend ist nun der Zeitraum, den der Mond am betreffenden Tag in einem Zeichen verbringt. Denn je größer diese Zeitspanne ist, desto intensiver kann das Tierkreiszeichen auf den Mond und somit auf die Ausprägung des Tages wirken.

Als Ephemeriden werden die genauestens erstellten Tabellen bezeichnet, in denen die täglichen Positionen von Sonne, Mond und Planeten vorausberechnet sind.

Eine mittelalterliche Darstellung der Tierkreiszeichen. Schon früh wurden entsprechende Kalendarien veröffentlicht.

Der Mond 1999

	1	2	3	4	5	6	7	8	9	10	11	12	13	14	15
JAN.	Fr	Sa	So	Mo	Di	Mi	Do	Fr	Sa	So	Mo	Di	Mi	Do	Fr
FEBR.	Mo	Di	Mi	Do	Fr	Sa	So	Mo	Di	Mi	Do	Fr	Sa	So	Mo
MÄRZ	Mo	Di	Mi	Do	Fr	Sa	So	Mo	Di	Mi	Do	Fr	Sa	So	Mo
APR.	Do	Fr	Sa	So	Mo	Di	Mi	Do	Fr	Sa	So	Mo	Di	Mi	Do
MAI	Sa	So	Mo	Di	Mi	Do	Fr	Sa	So	Mo	Di	Mi	Do	Fr	Sa
JUNI	Di	Mi	Do	Fr	Sa	So	Mo	Di	Mi	Do	Fr	Sa	So	Mo	Di
JULI	Do	Fr	Sa	So	Mo	Di	Mi	Do	Fr	Sa	So	Mo	Di	Mi	Do
AUG.	So	Mo	Di	Mi	Do	Fr	Sa	So	Mo	Di	Mi	Do	Fr	Sa	So
SEPT.	Mi	Do	Fr	Sa	So	Mo	Di	Mi	Do	Fr	Sa	So	Mo	Di	Mi
OKT.	Fr	Sa	So	Mo	Di	Mi	Do	Fr	Sa	So	Mo	Di	Mi	Do	Fr
NOV.	Mo	Di	Mi	Do	Fr	Sa	So	Mo	Di	Mi	Do	Fr	Sa	So	Mo
DEZ.	Mi	Do	Fr	Sa	So	Mo	Di	Mi	Do	Fr	Sa	So	Mo	Di	Mi

Symbol	Tierkreiszeichen	Element	Pflanzenteil	Körperbereiche	Günstige Aktivitäten
	Widder	Feuer	Frucht	Kopf, Gesicht	Obst und Gemüse einfrieren
	Stier	Erde	Wurzel	Kiefer, Hals, Nacken	Wurzelgemüse einlagern
	Zwillinge	Luft	Blüte	Schultern, Arme, Hände	Betten auslüften
	Krebs	Wasser	Blatt	Magen, Lunge, Leber	Pflanzen gießen
	Löwe	Feuer	Frucht	Herz, Kreislauf	Haare schneiden
	Jungfrau	Erde	Wurzel	Stoffwechsel, Verdauung	Eine Dauerwelle legen
	Waage	Luft	Blüte	Hüfte, Nieren, Blase	Haare waschen
	Skorpion	Wasser	Blatt	Sexualorgane, Harnleiter	Wasser- oder Heizanlage installieren
	Schütze	Feuer	Frucht	Oberschenkel, Venen	Früchte einkochen
	Steinbock	Erde	Wurzel	Knie, Haut, Knochen	Füße, Hände und Nägel pflegen
	Wassermann	Luft	Blüte	Unterschenkel, Venen	Ein anregendes Bad nehmen
	Fische	Wasser	Blatt	Füße, Zehen	Ein beruhigendes Bad nehmen

Der Mond 2000

	1	2	3	4	5	6	7	8	9	10	11	12	13	14	15
JAN.	Sa	So	Mo	Di	Mi	Do	Fr	Sa	So	Mo	Di	Mi	Do	Fr	Sa
FEBR.	Di	Mi	Do	Fr	Sa	So	Mo	Di	Mi	Do	Fr	Sa	So	Mo	Di
MÄRZ	Mi	Do	Fr	Sa	So	Mo	Di	Mi	Do	Fr	Sa	So	Mo	Di	Mi
APR.	Sa	So	Mo	Di	Mi	Do	Fr	Sa	So	Mo	Di	Mi	Do	Fr	Sa
MAI	Mo	Di	Mi	Do	Fr	Sa	So	Mo	Di	Mi	Do	Fr	Sa	So	Mo
JUNI	Do	Fr	Sa	So	Mo	Di	Mi	Do	Fr	Sa	So	Mo	Di	Mi	Do
JULI	Sa	So	Mo	Di	Mi	Do	Fr	Sa	So	Mo	Di	Mi	Do	Fr	Sa
AUG.	Di	Mi	Do	Fr	Sa	So	Mo	Di	Mi	Do	Fr	Sa	So	Mo	Di
SEPT.	Fr	Sa	So	Mo	Di	Mi	Do	Fr	Sa	So	Mo	Di	Mi	Do	Fr
OKT.	So	Mo	Di	Mi	Do	Fr	Sa	So	Mo	Di	Mi	Do	Fr	Sa	So
NOV.	Mi	Do	Fr	Sa	So	Mo	Di	Mi	Do	Fr	Sa	So	Mo	Di	Mi
DEZ.	Fr	Sa	So	Mo	Di	Mi	Do	Fr	Sa	So	Mo	Di	Mi	Do	Fr

Symbol	Tierkreiszeichen	Element	Pflanzenteil	Körperbereiche	Günstige Aktivitäten
🐎	Widder	Feuer	Frucht	Kopf, Gesicht	Obst und Gemüse einfrieren
🐂	Stier	Erde	Wurzel	Kiefer, Hals, Nacken	Wurzelgemüse einlagern
👯	Zwillinge	Luft	Blüte	Schultern, Arme, Hände	Betten auslüften
🦀	Krebs	Wasser	Blatt	Magen, Lunge, Leber	Pflanzen gießen
🦁	Löwe	Feuer	Frucht	Herz, Kreislauf	Haare schneiden
🌾	Jungfrau	Erde	Wurzel	Stoffwechsel, Verdauung	Eine Dauerwelle legen
⚖	Waage	Luft	Blüte	Hüfte, Nieren, Blase	Haare waschen
🦂	Skorpion	Wasser	Blatt	Sexualorgane, Harnleiter	Wasser- oder Heizanlage installieren
🏹	Schütze	Feuer	Frucht	Oberschenkel, Venen	Früchte einkochen
🐐	Steinbock	Erde	Wurzel	Knie, Haut, Knochen	Füße, Hände und Nägel pflegen
🏺	Wassermann	Luft	Blüte	Unterschenkel, Venen	Ein anregendes Bad nehmen
🐟	Fische	Wasser	Blatt	Füße, Zehen	Ein beruhigendes Bad nehmen

Der Mond 2001

	1	2	3	4	5	6	7	8	9	10	11	12	13	14	15
JAN.	Mo	Di	Mi	Do	Fr	Sa	So	Mo	Di	Mi	Do	Fr	Sa	So	Mo
FEBR.	Do	Fr	Sa	So	Mo	Di	Mi	Do	Fr	Sa	So	Mo	Di	Mi	Do
MÄRZ	Do	Fr	Sa	So	Mo	Di	Mi	Do	Fr	Sa	So	Mo	Di	Mi	Do
APR.	So	Mo	Di	Mi	Do	Fr	Sa	So	Mo	Di	Mi	Do	Fr	Sa	So
MAI	Di	Mi	Do	Fr	Sa	So	Mo	Di	Mi	Do	Fr	Sa	So	Mo	Di
JUNI	Fr	Sa	So	Mo	Di	Mi	Do	Fr	Sa	So	Mo	Di	Mi	Do	Fr
JULI	So	Mo	Di	Mi	Do	Fr	Sa	So	Mo	Di	Mi	Do	Fr	Sa	So
AUG.	Mi	Do	Fr	Sa	So	Mo	Di	Mi	Do	Fr	Sa	So	Mo	Di	Mi
SEPT.	Sa	So	Mo	Di	Mi	Do	Fr	Sa	So	Mo	Di	Mi	Do	Fr	Sa
OKT.	Mo	Di	Mi	Do	Fr	Sa	So	Mo	Di	Mi	Do	Fr	Sa	So	Mo
NOV.	Do	Fr	Sa	So	Mo	Di	Mi	Do	Fr	Sa	So	Mo	Di	Mi	Do
DEZ.	Sa	So	Mo	Di	Mi	Do	Fr	Sa	So	Mo	Di	Mi	Do	Fr	Sa

Symbol	Tierkreiszeichen	Element	Pflanzenteil	Körperbereiche	Günstige Aktivitäten
	Widder	Feuer	Frucht	Kopf, Gesicht	Obst und Gemüse einfrieren
	Stier	Erde	Wurzel	Kiefer, Hals, Nacken	Wurzelgemüse einlagern
	Zwillinge	Luft	Blüte	Schultern, Arme, Hände	Betten auslüften
	Krebs	Wasser	Blatt	Magen, Lunge, Leber	Pflanzen gießen
	Löwe	Feuer	Frucht	Herz, Kreislauf	Haare schneiden
	Jungfrau	Erde	Wurzel	Stoffwechsel, Verdauung	Eine Dauerwelle legen
	Waage	Luft	Blüte	Hüfte, Nieren, Blase	Haare waschen
	Skorpion	Wasser	Blatt	Sexualorgane, Harnleiter	Wasser- oder Heizanlage installieren
	Schütze	Feuer	Frucht	Oberschenkel, Venen	Früchte einkochen
	Steinbock	Erde	Wurzel	Knie, Haut, Knochen	Füße, Hände und Nägel pflegen
	Wassermann	Luft	Blüte	Unterschenkel, Venen	Ein anregendes Bad nehmen
	Fische	Wasser	Blatt	Füße, Zehen	Ein beruhigendes Bad nehmen

Der Mond 2002

	1	2	3	4	5	6	7	8	9	10	11	12	13	14	15
JAN.	Di	Mi	Do	Fr	Sa	So	Mo	Di	Mi	Do	Fr	Sa	So	Mo	Di
FEBR.	Fr	Sa	So	Mo	Di	Mi	Do	Fr	Sa	So	Mo	Di	Mi	Do	Fr
MÄRZ	Fr	Sa	So	Mo	Di	Mi	Do	Fr	Sa	So	Mo	Di	Mi	Do	Fr
APR.	Mo	Di	Mi	Do	Fr	Sa	So	Mo	Di	Mi	Do	Fr	Sa	So	Mo
MAI	Mi	Do	Fr	Sa	So	Mo	Di	Mi	Do	Fr	Sa	So	Mo	Di	Mi
JUNI	Sa	So	Mo	Di	Mi	Do	Fr	Sa	So	Mo	Di	Mi	Do	Fr	Sa
JULI	Mo	Di	Mi	Do	Fr	Sa	So	Mo	Di	Mi	Do	Fr	Sa	So	Mo
AUG.	Do	Fr	Sa	So	Mo	Di	Mi	Do	Fr	Sa	So	Mo	Di	Mi	Do
SEPT.	So	Mo	Di	Mi	Do	Fr	Sa	So	Mo	Di	Mi	Do	Fr	Sa	So
OKT.	Di	Mi	Do	Fr	Sa	So	Mo	Di	Mi	Do	Fr	Sa	So	Mo	Di
NOV.	Fr	Sa	So	Mo	Di	Mi	Do	Fr	Sa	So	Mo	Di	Mi	Do	Fr
DEZ.	So	Mo	Di	Mi	Do	Fr	Sa	So	Mo	Di	Mi	Do	Fr	Sa	So

Symbol	Tierkreiszeichen	Element	Pflanzenteil	Körperbereiche	Günstige Aktivitäten
	Widder	Feuer	Frucht	Kopf, Gesicht	Obst und Gemüse einfrieren
	Stier	Erde	Wurzel	Kiefer, Hals, Nacken	Wurzelgemüse einlagern
	Zwillinge	Luft	Blüte	Schultern, Arme, Hände	Betten auslüften
	Krebs	Wasser	Blatt	Magen, Lunge, Leber	Pflanzen gießen
	Löwe	Feuer	Frucht	Herz, Kreislauf	Haare schneiden
	Jungfrau	Erde	Wurzel	Stoffwechsel, Verdauung	Eine Dauerwelle legen
	Waage	Luft	Blüte	Hüfte, Nieren, Blase	Haare waschen
	Skorpion	Wasser	Blatt	Sexualorgane, Harnleiter	Wasser- oder Heizanlage installieren
	Schütze	Feuer	Frucht	Oberschenkel, Venen	Früchte einkochen
	Steinbock	Erde	Wurzel	Knie, Haut, Knochen	Füße, Hände und Nägel pflegen
	Wassermann	Luft	Blüte	Unterschenkel, Venen	Ein anregendes Bad nehmen
	Fische	Wasser	Blatt	Füße, Zehen	Ein beruhigendes Bad nehmen

Der Mond 2003

	1	2	3	4	5	6	7	8	9	10	11	12	13	14	15
JAN.	Mi	Do	Fr	Sa	So	Mo	Di	Mi	Do	Fr	Sa	So	Mo	Di	Mi
FEBR.	Sa	So	Mo	Di	Mi	Do	Fr	Sa	So	Mo	Di	Mi	Do	Fr	Sa
MÄRZ	Sa	So	Mo	Di	Mi	Do	Fr	Sa	So	Mo	Di	Mi	Do	Fr	Sa
APR.	Di	Mi	Do	Fr	Sa	So	Mo	Di	Mi	Do	Fr	Sa	So	Mo	Di
MAI	Do	Fr	Sa	So	Mo	Di	Mi	Do	Fr	Sa	So	Mo	Di	Mi	Do
JUNI	So	Mo	Di	Mi	Do	Fr	Sa	So	Mo	Di	Mi	Do	Fr	Sa	So
JULI	Di	Mi	Do	Fr	Sa	So	Mo	Di	Mi	Do	Fr	Sa	So	Mo	Di
AUG.	Fr	Sa	So	Mo	Di	Mi	Do	Fr	Sa	So	Mo	Di	Mi	Do	Fr
SEPT.	Mo	Di	Mi	Do	Fr	Sa	So	Mo	Di	Mi	Do	Fr	Sa	So	Mo
OKT.	Mi	Do	Fr	Sa	So	Mo	Di	Mi	Do	Fr	Sa	So	Mo	Di	Mi
NOV.	Sa	So	Mo	Di	Mi	Do	Fr	Sa	So	Mo	Di	Mi	Do	Fr	Sa
DEZ.	Mo	Di	Mi	Do	Fr	Sa	So	Mo	Di	Mi	Do	Fr	Sa	So	Mo

Symbol	Tierkreiszeichen	Element	Pflanzenteil	Körperbereiche	Günstige Aktivitäten
	Widder	Feuer	Frucht	Kopf, Gesicht	Obst und Gemüse einfrieren
	Stier	Erde	Wurzel	Kiefer, Hals, Nacken	Wurzelgemüse einlagern
	Zwillinge	Luft	Blüte	Schultern, Arme, Hände	Betten auslüften
	Krebs	Wasser	Blatt	Magen, Lunge, Leber	Pflanzen gießen
	Löwe	Feuer	Frucht	Herz, Kreislauf	Haare schneiden
	Jungfrau	Erde	Wurzel	Stoffwechsel, Verdauung	Eine Dauerwelle legen
	Waage	Luft	Blüte	Hüfte, Nieren, Blase	Haare waschen
	Skorpion	Wasser	Blatt	Sexualorgane, Harnleiter	Wasser- oder Heizanlage installieren
	Schütze	Feuer	Frucht	Oberschenkel, Venen	Früchte einkochen
	Steinbock	Erde	Wurzel	Knie, Haut, Knochen	Füße, Hände und Nägel pflegen
	Wassermann	Luft	Blüte	Unterschenkel, Venen	Ein anregendes Bad nehmen
	Fische	Wasser	Blatt	Füße, Zehen	Ein beruhigendes Bad nehmen

Der Mond 2004

	1	2	3	4	5	6	7	8	9	10	11	12	13	14	15
JAN.	Do	Fr	Sa	So	Mo	Di	Mi	Do	Fr	Sa	So	Mo	Di	Mi	Do
FEBR.	So	Mo	Di	Mi	Do	Fr	Sa	So	Mo	Di	Mi	Do	Fr	Sa	So
MÄRZ	Mo	Di	Mi	Do	Fr	Sa	So	Mo	Di	Mi	Do	Fr	Sa	So	Mo
APR.	Do	Fr	Sa	So	Mo	Di	Mi	Do	Fr	Sa	So	Mo	Di	Mi	Do
MAI	Sa	So	Mo	Di	Mi	Do	Fr	Sa	So	Mo	Di	Mi	Do	Fr	Sa
JUNI	Di	Mi	Do	Fr	Sa	So	Mo	Di	Mi	Do	Fr	Sa	So	Mo	Di
JULI	Do	Fr	Sa	So	Mo	Di	Mi	Do	Fr	Sa	So	Mo	Di	Mi	Do
AUG.	So	Mo	Di	Mi	Do	Fr	Sa	So	Mo	Di	Mi	Do	Fr	Sa	So
SEPT.	Mi	Do	Fr	Sa	So	Mo	Di	Mi	Do	Fr	Sa	So	Mo	Di	Mi
OKT.	Fr	Sa	So	Mo	Di	Mi	Do	Fr	Sa	So	Mo	Di	Mi	Do	Fr
NOV.	Mo	Di	Mi	Do	Fr	Sa	So	Mo	Di	Mi	Do	Fr	Sa	So	Mo
DEZ.	Mi	Do	Fr	Sa	So	Mo	Di	Mi	Do	Fr	Sa	So	Mo	Di	Mi

Symbol	Tierkreiszeichen	Element	Pflanzenteil	Körperbereiche	Günstige Aktivitäten
	Widder	Feuer	Frucht	Kopf, Gesicht	Obst und Gemüse einfrieren
	Stier	Erde	Wurzel	Kiefer, Hals, Nacken	Wurzelgemüse einlagern
	Zwillinge	Luft	Blüte	Schultern, Arme, Hände	Betten auslüften
	Krebs	Wasser	Blatt	Magen, Lunge, Leber	Pflanzen gießen
	Löwe	Feuer	Frucht	Herz, Kreislauf	Haare schneiden
	Jungfrau	Erde	Wurzel	Stoffwechsel, Verdauung	Eine Dauerwelle legen
	Waage	Luft	Blüte	Hüfte, Nieren, Blase	Haare waschen
	Skorpion	Wasser	Blatt	Sexualorgane, Harnleiter	Wasser- oder Heizanlage installieren
	Schütze	Feuer	Frucht	Oberschenkel, Venen	Früchte einkochen
	Steinbock	Erde	Wurzel	Knie, Haut, Knochen	Füße, Hände und Nägel pflegen
	Wassermann	Luft	Blüte	Unterschenkel, Venen	Ein anregendes Bad nehmen
	Fische	Wasser	Blatt	Füße, Zehen	Ein beruhigendes Bad nehmen

Impressum

© 1998 Südwest Verlag GmbH in der Verlagshaus Goethestraße GmbH & Co. KG, München

Alle Rechte vorbehalten. Nachdruck – auch auszugsweise – nur mit Genehmigung des Verlags.

Redaktion: Christof Taschner
Projektleitung: Dr. Brunex Zatellka
Redaktionsleitung und medizinische Fachberatung: Dr. med. Christiane Lentz
Bildredaktion: Sabine Kestler
Produktion: Manfred Metzger
Umschlag: Manuela Hutschenreiter, München
Layout: Wolfgang Lehner
DTP: Matthias Liesendahl

Printed in Italy
Gedruckt auf chlor- und säurearmem Papier

ISBN 3-517-08049-7

Über die Autorin

Helga Föger wuchs in Tirol auf und lebt heute zurückgezogen in der ländlichen Idylle des österreichischen Waldviertels. Seit vielen Jahren beschäftigt sie sich intensiv mit Mystik, Astrologie, alten vergessenen Denkformen und Kulturen. Die so erworbenen Kenntnisse setzt sie in ihrem alltäglichen, im Einklang mit den Rhythmen der Natur geführten Leben auch praktisch um.

Literatur

Föger, Helga/Pflugmann, Martin: Gärtnern im Einklang mit dem Mond. W. Ludwig Buchverlag. München 1998
Föger, Helga: Der Mond 1999–2008. W. Ludwig Buchverlag. München 1998
Föger, Helga: Mondkalender 1999 für jeden Tag. W. Ludwig Buchverlag. München 1998
Föger, Helga: Mit dem Mond leben 1999. W. Ludwig Buchverlag. München 1998
Radel, Hartmut: Meine Sterne 1999 Tag für Tag. Ludwig Buchverlag. München 1998

Hinweis

Das vorliegende Buch ist sorgfältig erarbeitet worden. Dennoch erfolgen alle Angaben ohne Gewähr. Weder Autorin noch Verlag können für eventuelle Nachteile oder Schäden, die aus den im Buch gemachten praktischen Hinweisen resultieren, eine Haftung übernehmen.

Bildnachweis

Bavaria, Gauting: 98 (PP); Bilderberg, Hamburg: 20 (H. Madej); IFA-Bilderteam, Taufkirchen: 46 (Rheinländer); Mauritius, Mittenwald: 74 (Pöhlmann), 91 (ACE); Premium, Hamburg: 81 (H. Farkaschovsky), 107 (N.N.); Südwest Verlag, München: 10, 32, 111, 113 (N.N.), 25 (Joachim Heller), 29, 43, 57 (Jump/K. Vey), 69 (Rainer Hofmann); The Image Bank, München: U1 (Frank Whitney), 4 (Stockphotos/Patrick Eden), 36 (Brigitte Lambert), 86 (Renate Kupatt), 97 (Jürgen Vogt); Tony Stone, München: 61 (James Darrel); Transglobe Agency, Hamburg: 1 (Chad Ehlers); Visum, Hamburg: 15 (Timm Rautert)

Register

Abnehmen 43f.
Abnehmender Mond 16f.
Absteigender Mond 17f.
Allergien 47
Alltag 6
Anschaffungen 101
Arme 32, 35
Astrologie 6f.
Aufsteigender Mond 17f.
Augen 32, 48

Bäder 43, 59f.
Bauen 73ff.
Bäume fällen 97
Behördengänge 101
Bekanntschaften 107
Beruf 100ff.
Beschwerden 47ff.
Besprechungen 101
Bewegungsapparat 43
Bewerbung 102
Bewertungskriterien 38
Blase 32, 35, 48
Blätter 55
Blutdruck 32
Blüten 55
Brennnesselkur 43
Brennnesseln 56
Bronchien 32

Chemische Reinigung 65

Dach 74ff.
Düngen 72

Einkäufe 107
Einkochen 65f.
Einfrieren 66
Einlagern 64, 71
Eiweiß 30f., 35
Entspannungsübungen 44
Erde 19f., 24, 29, 35
Erholung 105ff.

Familienbesuche 108
Fenster 66, 77
Feste 108
Fett 30, 35
Feuchtigkeit 35
Feuer 19, 21, 26, 30, 35
Filme 108
Fische 19, 24f., 33, 35
Flecken 66
Frauenleiden 48
Freizeit 105ff.
Früchte 55
Fußboden 77
Füße 33, 35, 48, 60
Fußreflexzonenmassage 44

Galle 32, 35, 49
Garten 81ff.
Gehirn 32
Geldangelegenheiten 102
Gelenkschmerzen 48
Gesicht 32, 35
Gesundheit 41ff.
Gießen 72
Glasreinigung 67

Hals 32, 35, 48
Hände 32, 35
Harnleiter 35
Harnwege 33
Hausfassade 77
Haushalt 63ff.
Haushaltsplanung 102, 108
Haut 33, 35, 59ff.
Heilkräuter 54ff.
Heimwerken 73ff.
Heiserkeit 48
Heizen 67
Herz 32, 35, 48
Holzverarbeitung 96ff.
Hüfte 32, 35
Hühneraugen 45

Ischiasreizung 48

Jahresrhythmus 106ff.
Jungfrau 19, 23f., 32, 35

Kälte 35
Kältetage 27
Karriere 100ff.
Kiefer 32, 35, 46
Knie 33, 35
Knöchel 33
Knochen 33, 35
Kochen 108
Kohlenhydrate 30, 35
Kommunikation 103
Konservieren 64
Kontakte 103
Kopf 32, 35, 49
Körperpflege 57ff.
Körperregionen 31ff., 35
Kräuterkissen 56
Kräutersalben 56, 62

Kreativität 103
Krebs 19, 23, 25, 32, 35
Kreislauf 32, 35, 48

Landwirtschaft 81ff., 93ff.
Leber 32, 35, 49
Lernen 103
Licht 35
Lichttage 27
Liebe 110f.
Löwe 19, 23, 26, 32, 35
Luft 19, 21, 25, 30, 35
Lüften 64f., 68
Lunge 32, 35

Magen 32, 35, 49
Malerarbeiten 79
Massage 44
Meditieren 110
Metalle reinigen 69
Migräne 49
Mondkalender 7f.
Mondphasen 11ff.
Mondtabellen 39
Mondtagebuch 39f.
Muskelschmerzen 49

Nacken 32, 35
Nägel 44f., 60, 62
Nahrung 28ff., 35
Nase 32
Nerven 32
Neumond 12f.
Nieren 32, 35, 48

Oberschenkel 33, 35
Ohren 32, 49
Operationen 45

Partnerschaft 110f.
Pflanzen 72
Porzellanreinigung 69
Projektplanung 103
Putzen 63

Rechtsangelegenheiten 103
Reisen 104, 109
Rheumatische Beschwerden 49
Rückenbereich 32

Salz 29, 35
Samen 55
Saunabad 62
Schilddrüse 32
Schlafstörungen 49
Schlechte Gewohnheiten 45
Schönheit 57ff.
Schreiben 104
Schuhe putzen 70
Schultern 32, 35
Schütze 19, 23, 26, 33, 35
Sexualorgane 33, 35
Skorpion 19, 23, 25, 33, 35
Spaziergänge 109
Sport 109
Stallreinigung 95
Staub wischen 71
Steinbock 19, 23f., 33, 35
Stier 19, 22, 24, 32, 35
Stoffwechsel 32, 35

Tanzen 110
Temperament 20ff.
Theaterbesuche 110

Tierkreiszeichen 18ff., 42
Träumen 110
Trigone 19ff.

Umtopfen 72
Unterschenkel 33, 35
Urelemente 19f.

Venen 33, 35, 49
Verdauung 32, 35, 49
Verhandlungen 104
Versteigerungen 104
Verträge 104
Viehhaltung 93ff.
Vollmond 14ff.

Waage 19, 23, 25, 32, 35
Wärme 35
Wärmetage 28
Warzen 45
Waschen 63f., 72
Wasser 19f., 25, 30, 35
Wassermann 19, 23, 25, 33, 35
Wassersuche 80
Wassertage 27
Wege- und Straßenbau 80
Werbung 104
Widder 19, 22, 26, 32, 35
Witterung 26ff., 105
Wurzeln 55

Zahnärztliche Behandlungen 46
Zähne 32, 46
Zehen 33, 35
Zunehmender Mond 13f.
Zwillinge 19, 22, 25, 32, 35